Padre divorciado

Adrián Gutiérrez Ávila

Padre divorciado

Corrección de estilo:
Guadalupe Dondiego Peña, iqgdondiego@gmail.com

Diseño y maquetación:
Gilberto Vázquez Medina, elcorreodegil@yahoo.com.mx

Twitter: @adriangtzavila
Facebook Fan Page: Adrian Gutierrez Avila
adrian@comoserunmexicanoexitoso.com
www.comoserunmexicanoexitoso.com

1.ª edición

Impreso en México por Impre-Jal
Nicolás Romero Núm. 518
Col. Santa Teresita, Guadalajara, Jalisco
Tel +52 (33) 3826 9595
alejandro@impre-jal.com
ventas@impre-jal.com

Para Fernanda, André, Lucca y Marcel
Para mi papá, mi mamá y mi hermana

Índice

Introducción

Todo puede cambiar en un segundo, y un divorcio cambia todo para los involucrados, quienes reaccionan de maneras muy diversas, y aunque se dice que todos los cambios son buenos, que todo cambio es para mejorar, de la noche a la mañana todos tienen una vida completamente nueva, llena de ausencias, a la cual tienen que acoplarse lo más rápido posible.

Se supone que se llega al divorcio porque la situación es insostenible y es mejor ya no seguir juntos, pero ¿quiénes son los que ya no deben de estar juntos? La pareja, pero, entonces, ¿qué hay de los hijos cuando el matrimonio los tiene?, ¿qué hay de la separación de ellos, sobre todo del padre?, quien es regularmente el que deja la casa para vivir solo. Creo que la mayoría de las personas quiere divorciarse de su cónyuge, pero no quiere divorciarse jamás de sus hijos. ¿Nos divorciamos de nuestros hijos? Se dice que no, que ese vínculo no se rompe nunca, que no dejamos de ser padres jamás, y se tiene razón, pero la forma de interactuar y de relacionarnos con ellos cambia por completo y esa, para los que queremos a nuestros hijos, es la parte más dolorosa de la separación.

En un divorcio, la mayoría de las veces se percibe al hombre como villano y la mujer se convierte en víctima, ya que ella, además, tiene que llevar la carga de educar y sacar adelante a los niños, el hombre se convierte, en todo caso, solamente en proveedor. Sin embargo, este libro no trata de culpas, sino de sentimientos, porque detrás de todo, los hombres también sentimos, nos duele la separación y esa perspectiva nadie la aborda. Con esto no quiero decir que todo hombre sufra una separación, hay hombres muy patanes, como también mujeres, y la mayoría de ellos fueron irresponsables y patanes desde el matrimonio, así que no es de sorprender que continúen su vida de la misma manera.

Aunque este no es un libro acerca del matrimonio, si no existiese este en primer lugar, el divorcio no se daría. El divorcio es la disolución del contrato matrimonial, y aunque su ejecución y el aumento de su popularidad son más recientes que el matrimonio, ya se le mencionaba desde tiempos antes de Cristo, en el libro de Deuteronomio 24, 1-2 de la Biblia:

> Cuando alguno tomare mujer y se casare con ella, si no le agradare por haber hallado en ella alguna cosa indecente, le escribirá carta de divorcio, y se la entregará en su mano, y la despedirá de su casa. Y salida de su casa, podrá ir y casarse con otro hombre.

Entonces, acorde con la ley judía, los hombres podían solicitar el divorcio a las mujeres, no obstante, no encontré en estos mismos versículos que ellas pudieran solicitar el divorcio a los hombres. Sin embargo, en el Nuevo Testamento, en el Evangelio de san Marcos 10, 2-12, sí se menciona que ellas también pueden divorciarse:

> Y viniendo los fariseos, para tentarle, le preguntaron [a Jesús]: ¿Es lícito al marido divorciarse de su esposa? Y Él, respondiendo, les dijo: ¿Qué os mandó Moisés? Y ellos dijeron: Moisés permitió escribir carta de divorcio, y repudiarla. Y Jesús respondiendo, les dijo: Por la dureza de vuestro corazón os escribió este mandamiento, pero al principio de la creación, varón y hembra los hizo Dios. Por esto dejará el hombre a su padre y a su madre, y se unirá a su esposa; y los dos serán una sola carne; así que no son ya más dos, sino una carne. Por tanto, lo que Dios unió, no lo separe el hombre. Y en casa sus discípulos volvieron a preguntarle de lo mismo. Y Él les dijo: Cualquiera que se divorcia de su esposa y se casa con otra, comete adulterio contra ella; y si la mujer se divorcia de su marido y se casa con otro, comete adulterio.

Así, con la llegada de Jesús, el divorcio tomó una nueva dimensión y la historia del matrimonio cambió por completo para los seguidores de Cristo, ya que los versículos antes mencionados prohibieron el divorcio para el nuevo mundo cristiano y hoy en día, cuando menos dentro de la Iglesia católica, sigue siendo tema de debate y aún no está aprobado como en las leyes civiles.

Después de eso, ¿qué tan prohibido estaba el divorcio por la Iglesia católica? No existía ni existe el divorcio como tal, aunque entre las clases adineradas y poderosas siempre se ha podido lograr el favor de una «anulación del matrimonio». En el siglo XVI, para poder casarse con Ana Bolena, Enrique VIII de Inglaterra solicitó anular su matrimonio con Catalina de Aragón, debido a que esta no había podido darle un hijo varón, pero el papa Clemente VII no le concedió la anulación. Esta negativa llevó a una disputa entre Enrique VIII y la Iglesia católica, que terminó con la ruptura entre ellos y con el nacimiento de la Iglesia anglicana en Inglaterra. De esta manera, Enrique VIII finalmente pudo disolver su matrimonio y convertir a Ana Bolena en su segunda esposa.

En el siglo XIX, en México se separó a la Iglesia del Estado mediante las Leyes de Reforma, lo mismo estaba sucediendo en el resto del mundo y en nuestro país se tuvo que librar una guerra para lograrlo. Desde el nacimiento de México —el 27 de septiembre de 1821— la religión católica era la única y oficial, por lo tanto, los únicos documentos oficiales de nacimiento (bautizo), matrimonio y defunción los expedía solamente la Iglesia, por lo cual, en nuestro país no existía la posibilidad de un divorcio. Con las Leyes de Reforma, los documentos oficiales en este país serían los expedidos por el Estado y los documentos emitidos por la Iglesia serían opcionales, de acuerdo con la religión de cada persona; de esta forma, en 1859 nacieron las actas de nacimiento, las de defunción y, por supuesto, las de matrimonio civil. Sin embargo, aunque las leyes habían cambiado, aún no existía el divorcio como tal, ya que el matrimonio civil tampoco podía ser disuelto en su totalidad.

El primer paso hacia el divorcio se dio en 1884, pues la ley permitía el divorcio de lecho y habitación, la «separación de cuerpos», o sea, divorciarnos, pero no salirnos de nuestra casa, solo dejar de compartir la cama y de tener relaciones sexuales, pero no se dejaba de ser familia, bajo esta circunstancia tampoco se podía contraer matrimonio nuevamente.

Al no existir el divorcio, se dio una nueva problemática para poder tener una nueva relación. Muchos hombres, al estar desencantados de sus matrimonios, comenzaron a formar otras familias no oficiales —«casas chicas»— y en estas nuevas familias se tuvieron hijos en muchos casos, sin embargo, al no estar casados sus padres, eran «hijos de segunda» y sin los mismos derechos que los hijos del matrimonio oficial. La inquietud de otorgarles igualdad de derecho a todos los hijos naturales del mismo padre obligó a replantear el divorcio, así que, en plena Revolución y con la influencia de don Venustiano Carranza, el 2 de octubre de 1914 se realizó el primer divorcio en México.

En aquel entonces, resulta que el ingeniero Félix F. Palavicini estaba enamorado perdidamente de una cubana, pero tenía un pequeño problema: estaba casado. Su nueva amante era exigente y para continuar con la relación le pidió que se casara con ella, hasta ese entonces nunca se había dado un divorcio donde alguno de los cónyuges pudiera contraer matrimonio nuevamente, como ya comenté, el único divorcio existente era el «de cama». Los tiempos estaban cambiando, México estaba en plena Revolución y, siendo amigo cercano de don Venustiano Carranza, ¿por qué no pedirle que aprobara su divorcio?

En 1928 se realizó una nueva reforma y se dio paso al divorcio casi como lo conocemos hoy en día, aunque su aceptación se ha dado poco a poco. En la época de mis abuelos, el divorcio aún era un tema nuevo y vetado; mis papás se divorciaron en 1989 y entonces era raro ese acontecimiento; yo tengo treinta y ocho años, soy divorciado, y cuando me divorcié en el año 2009 ya era algo común. Así, en tres generaciones las cosas cambiaron por completo. Hoy en día el divorcio se solicita y se concede con mayor facilidad y se ve como algo casi normal en la sociedad.

De hecho, en el año 2008 se reformaría nuevamente la ley para facilitar el proceso, antes debía existir una causal de divorcio, pero a partir de ese año, con que alguno de los cónyuges lo solicite, aunque no exista causal alguna, más que simplemente no querer seguir casado, el divorcio puede proceder.

Pero ¿qué me llevó a escribir este libro? El divorcio es difícil, es difícil comenzar de nuevo, es difícil el proceso y es difícil tu nueva vida, también es difícil comenzar una nueva familia, puesto que las condiciones no son iguales. Además, para un hombre es muy difícil hablar y expresar sus sentimientos y la mayoría no lo hacemos, así se nos educa; por ende, cuando a alguno se le pregunta «¿cómo estás?», la respuesta siempre será «bien», pero hay muchas cosas que no decimos y que sentimos y el día de hoy en este libro, desde mi experiencia como hijo de padres divorciados y divorciado, trataré de compartírtelas.

Padre divorciado está escrito para padres divorciados, para hijos de padres divorciados, para novias de padres divorciados, para exesposas de padres divorciados y para esposas de padres divorciados; busca explicar la parte dura de un divorcio, que no es en sí el divorcio de una pareja, sino la separación de los hijos y la adaptación a una nueva vida. Espero que este libro te ayude a entenderte mejor o a entender a un padre divorciado, espero que te ayude a liberar y a expresar mejor tus sentimientos y saber cómo seguir adelante.

Hoy, 1.º de enero de 2017, estoy por cumplir seis años en mi segundo matrimonio y tengo una excelente relación con mis hijos mayores, de mi primer matrimonio, que aunque viven con su mamá, los tengo a mi lado lo más que se puede; ahora tenemos una nueva familia, lo cual también es gracias a mi esposa, pues a pesar de lo difícil que ha sido, ha puesto todo de su parte para comprenderme y adoptarlos también a ellos. Nuestra familia se complementó con la llegada de mi tercer hijo y mientras escribo estas líneas, los cuatro están desayunando enfrente de mí. Espero que tú también puedas tener la suerte que tengo yo, no fue fácil, hay que trabajar todos muy duro y hacer muchos ajustes todos los días para seguir funcionando, pero sí se puede, se puede superar sanamente un divorcio, se puede construir una nueva relación con nuestros hijos y se puede formar una nueva familia.

Adrián Gutiérrez Ávila
Jalisco, 1.º de enero de 2017

El matrimonio es para toda la vida

Cuando nos casamos, nos casamos para el resto de nuestras vidas, «... hasta que la muerte los separe», dicen en la ceremonia religiosa. No creo que alguien se case diciendo: «Nada más voy a estar casado cinco o diez años y cumplido el plazo, me divorcio». Y aunque cada vez es más frecuente la frase: «Pues me caso, ¡total!, si no funciona nos divorciamos y ya», creo que la mayoría nos casamos con la intención de estar con nuestra pareja toda la vida.

Dice mi amigo Jorge Cuevas que el factor «para toda la vida» es el que dificulta el matrimonio en estos tiempos. En 1900 la esperanza de vida de un hombre era de treinta y tres años y de una mujer, de treinta y cinco años; veinte años después —hace casi un siglo— el promedio de vida de un hombre subió hasta cuarenta años y el de una mujer, hasta cuarenta y dos. Hoy en día la esperanza de vida de ambos es superior a setenta y cinco años, esto hace una diferencia de por lo menos treinta y cinco años más de vida... y de matrimonio.

A principios del siglo pasado, la mayoría de las personas se casaban cuando tenían entre quince y veinte años, lo que daba como resultado matrimonios de máximo veinte años en promedio. Hoy en día, aunque ha aumentado la edad en que se contrae matrimonio, con la esperanza de vida actual sería relativamente fácil que la mayoría cumpliéramos cincuenta años de casados.

El principal propósito del matrimonio hace cien años era tener hijos; y aunque el promedio de hijos en 1930 era de seis —no existen registros anteriores en México—, hay que recordar que los servicios médicos eran limitados, por lo cual, frecuentemente, se perdían bebés durante el embarazo, al nacer o durante los primeros años. Aun así, mi punto es que la familia tenía una dinámica diferente a la actual, en cuanto la pareja salía de la iglesia buscaba tener su primer hijo lo más rápido posible y así seguir, uno tras otro, mientras fuera fértil, no existía la planificación familiar, ni los métodos anticonceptivos, así, una mujer podía comenzar a tener hijos a los dieciséis años y terminar cerca de los treinta y cinco o cuarenta.

Los roles estaban bien definidos, el hombre de la casa tenía la obligación de proveer, dar techo, vestido y comida a su esposa e hijos, y el rol de la esposa era cuidar de ellos y administrar la casa. Ahora las cosas han cambiado, además de postergar la edad para casarse, una vez casados también se posterga la llegada del primer hijo, además, el promedio de hijos ahora es sumamente menor —es inferior a tres—, por lo que hay más tiempo para la convivencia en pareja, cosa que antes no pasaba al estar la casa llena de niños que atender. Esta sobreconvivencia de la pareja, sumada a una vida más larga, ha hecho que las relaciones o los matrimonios se disuelvan por distintas razones o intereses, por lo que ahora hay muchos tipos de familias.

La figura familiar que nos concierne en este libro en especial es «el padre divorciado». ¿Y qué es un padre divorciado? Es aquel hombre que contrajo matrimonio, durante el cual tuvo uno o varios hijos, y que, posteriormente, por diversos factores, se tuvo que divorciar, por lo que pasó a una nueva modalidad de familia: «el padre divorciado».

Como mencioné en la Introducción, un papá «normal» que se quiera divorciar de su pareja, jamás se va a querer divorciar de sus hijos, sin embargo, en este proceso hay una separación de toda la familia y, por lo general, nosotros los hombres nos separamos no solo de nuestra pareja, sino también de nuestros hijos, entrando a una nueva dinámica de convivencia, cambiando la manera en que nos relacionamos y formando nuevos tipos de relaciones familiares.

Entre los nuevos tipos de familia que se forman tras un divorcio puede haber muchas variantes, desde simple y sencillamente cada uno de los excónyuges en sus respectivas casas, compartiendo a sus hijos y sin parejas nuevas, hasta la combinación con nuevas parejas, hijos de estas con parejas anteriores y hasta hijos del nuevo matrimonio —o la nueva pareja, en caso de que decidan no casarse—. Así, podemos terminar en un «los tuyos, los míos y los nuestros». Y, por si fuera poco, en el caso de que las nuevas parejas también ya tengan hijos, todo este enredo se podría complementar con la inclusión de otros ex que intervendrían también en la dinámica familiar.

Conozco a una persona, Eduardo, que se ha casado tres veces. En sus dos primeros matrimonios tuvo hijos, incluso ya es abuelo, su tercer matrimonio es reciente, su esposa también tiene hijos de un matrimonio anterior e incluso ambos tienen edad para tener hijos en su nueva familia, ¿cómo será su dinámica familiar? Así son muchas de las nuevas familias, pero lo importante es que todos sepan adaptarse, ya que, si no se han superado divorcios anteriores, tanto los padres como los hijos podemos arrastrar situaciones nocivas al nuevo hogar.

Para adaptarnos a nuevas situaciones, primero hay que entenderlas, comprenderlas y aceptarlas, y en este libro nos ocuparemos de entender y comprender a uno de sus componentes: «el padre divorciado».

El divorcio de mis abuelos

¿Mis abuelos se divorciaron? Por supuesto que no, en su generación estaba socialmente prohibido divorciarse, era un tema tabú que ni quisiera se mencionaba y, si una pareja ya no funcionaba, los esposos simplemente continuaban la vida juntos, aunque no se dirigieran la palabra en privado.

Mis abuelos se casaron en la década de los cuarenta, el mundo vivía la Segunda Guerra Mundial y, después de esta, los Gobiernos, tanto comunistas como capitalistas, se volvieron —o ya eran— sumamente autoritarios para resguardar el orden mundial. Así también eran las cosas en la familia, el padre, la cabeza del hogar, era una persona todopoderosa a quien no se debía cuestionar ni se debía discutir con él, todo lo que decía se debía hacer sin protestar; ni siquiera su mujer, la esposa, la mujer abnegada y obediente, que tenía la única misión de tener muchos hijos y cuidar de su marido y de su casa, podía cuestionarle.

Nuestros abuelos se casaron muy jóvenes, muchos de ellos antes de cumplir los veinte años, sobre todo nuestras abuelas, y los roles dentro de la familia eran muy sencillos. El rol del padre consistía en proveer, salir a trabajar, dar techo, comida, vestido y educación «hasta donde alcanzara», el de la madre era tener hijos y cuidar tanto de ellos como de su marido y del hogar.

Pocos de nuestros abuelos contaban con estudios universitarios y mucho menos nuestras abuelas; ellas, al terminar la secundaria, estudiaban carreras técnicas en lo que se casaban, carreras que tuvieran que ver con la administración del hogar, en el mejor de los casos, pero la mayoría ayudaba a su mamá a cuidar a sus hermanos más chicos y con las labores de la casa, también aprendían a cocinar y a realizar todas las tareas diarias, para que una vez casadas pudieran llevar sus nuevas casas adecuadamente.

Por parte de la familia de mi mamá no somos personas muy religiosas, yo no conocí ni conviví mucho con mi abuelo, pero mi mamá decía que él se definía como «católico social». En un país dominado por la religión católica, la convivencia social también se regía por la Iglesia, una persona divorciada podía ser excluida de la sociedad, la podían marginar, no solo en sus círculos de amistades cercanas, sino también en su propia familia; en tiempos de mis abuelos, simplemente no existía el divorcio.

Entonces, ¿cómo se divorciaban nuestros abuelos? Los tiempos y las dinámicas familiares eran muy distintas, incluso las exigencias dentro de la pareja también lo eran, la mayoría de las mujeres eran sumisas, básicamente no importaban sus opiniones y su felicidad no era algo que le preocupara a la mayoría de los maridos, a ellos no los contradecían jamás, así se les enseñó en sus casas.

Toda sociedad deja testimonios de su forma de vida, en la época de nuestros abuelos ya existía el cine, y el mejor ejemplo de cómo era una dinámica familiar tradicional en aquellos tiempos se da en la película *La oveja negra* de Ismael Rodríguez, filmada en 1949 y protagonizada por Pedro Infante, Fernando Soler y Amanda del Llano.

En *La oveja negra*, Cruz Treviño Martínez de la Garza es el jefe de familia, el proveedor, pero también es el hombre todopoderoso de su casa que tiene siempre la última palabra, al que nada se le cuestiona y todo se le perdona. Don Cruz Treviño engaña públicamente a su mujer, Vivianita, y ella siempre lo defiende y lo perdona, incluso hasta se echa la culpa del adulterio de su marido por no ser «suficiente mujer» para él. Don Cruz Treviño se puede ir de parranda, no llegar a dormir, incluso en alguna escena de la película sugiere que tiene «hijos regados» de sus aventuras, sus «ahijados», que tuvo con sus «comadres», sin embargo, siempre tiene la puerta de su casa abierta.

El único hijo de don Cruz Treviño con Vivianita es Silvano, quien le habla de usted a su padre. Tiene una relación muy estrecha con su madre, a quien da consuelo e invita a dejar a su padre, pero ella siempre lo reprende por «siquiera pensarlo». Don Cruz Treviño culpa a Vivianita de poner a su hijo en su contra, pues debido a su comportamiento y a las humillaciones hacia ella, Silvano tiene mucho coraje guardado contra él, pero rara vez se lo manifiesta, incluso se ve obligado a pedirle perdón en algunas disputas entre ellos, aunque Silvano tenga la razón.

A Silvano su papá lo trata duramente, para que aprenda a «ser hombre». Así se usaba en aquellos tiempos, y una de las cualidades de los que son «muy hombres» es no mostrar sus sentimientos, sobre todo el afecto y la tristeza: «prohibido llorar».

Así vivieron muchas de las mujeres de aquella época, nuestras abuelas, las mujeres abnegadas que todo aguantaban, hasta los golpes de sus maridos, que en muchas casas eran comunes y frecuentes. También a muchos de nuestros padres, que se vieron imposibilitados para cuestionar el comportamiento del jefe de la familia, se les enseñó a quedarse callados y con los sentimientos adentro.

Algunas de las historias que escribiré en este libro son de mi propia familia, por lo que pido una disculpa si alguno de mis familiares se molesta por lo que pueda leer aquí, y muchas otras, donde omitiré los nombres verdaderos, son historias de gente cercana y conocida que me autorizó a escribir con seudónimos, pero todas son historias reales.

Cuando nací, mi papá, Adrián Gutiérrez Barrera, quería bautizarme con el nombre de Sixto, el nombre de su abuelo, pero no solo eso, quería cambiarme el primer apellido, de Gutiérrez a Barrera, de modo que mi nombre sería Sixto Barrera. A mi papá todos lo recuerdan como Barrera, en su trabajo era «el ingeniero Barrera» y su firma era una A mayúscula seguida de su apellido Barrera.

¿Por qué mi papá era Barrera y no Gutiérrez? Con el tiempo fui descubriéndolo y armando un gran rompecabezas. Su padre se llamaba Luciano Gutiérrez —no recuerdo su segundo apellido—, se habla muy poco de él, su madre era Elena Barrera Villa y dicen que un día mi abuelo simplemente se la «robó» para después casarse con ella.

Nota para las personas de otros países: en México, en la época de mis abuelos —y aún en esta época—, en los pueblos, cuando un hombre quería casarse con una mujer, se la «robaba», es decir, la sustraía de su casa, se la llevaba a escondidas, algunas veces con el consentimiento de ella, otras veces por la fuerza. En México, nuestro sentido machista hacía que se celara a toda mujer de la casa, y no solo por el papá, sino también por los hermanos, por lo que al ir a una casa y pedir matrimonio formalmente, el permiso era negado muchas veces, no quedando de otra más que «robarse a la novia».

Conozco un solo caso de matrimonio exitoso, ya de décadas, en el que la novia fue robada sin su consentimiento. Lorena era en ese entonces una adolescente de dieciséis años y era pretendida por Sebastián, ambos venían de familias disfuncionales y de escasos recursos, a Lorena no le gustaba Sebastián, de hecho, lo rechazó en varias ocasiones, supongo que Sebastián ya tenía decidido que Lorena sería su mujer, ya que un buen día contra la voluntad de ella, se la robó. Según la costumbre, se tuvieron que casar, aunque Lorena estuviera en desacuerdo y no quisiera a Sebastián en ese entonces. Hoy en día, son un matrimonio feliz, con hijos ya mayores y nietos. Supongo que con el tiempo Lorena comenzó a querer a Sebastián, quien desde el principio la trató muy bien y buscó darle un hogar, respetándola —sí, después de habérsela robado—, queriéndola mucho y mostrando siempre mucho amor por su familia, pero esos casos son muy raros.

Una persona a la que quise mucho, doña Mariana, me contó que cuando su marido, don Daniel, era su novio no lo querían en su casa, por lo que tenían que verse a escondidas o cuando su papá no estaba en casa. Cuando decidieron casarse, don Daniel fue a pedir su mano formalmente, pero su padre se la negó, así pues, la pareja no tenía ni la bendición ni el permiso para casarse por parte del padre de ella, ambos eran de la alta sociedad, por lo que «robársela» no estaba dentro de las opciones.

La boda siguió sin el consentimiento del padre de la novia, supongo que él sabía que se casarían, pero en su posición de «macho alfa» era su deber no participar y oponerse al matrimonio, además, decía que don Daniel solo quería a su hija por su dinero. El día de la ceremonia llegó y el padre de la novia no se presentó, no entregó a su hija ni estuvo en la fiesta. Sin embargo, ya casados, aceptó a su nuevo yerno e incluso fue uno de sus «consentidos», pero supongo que, aunque le cayese bien, su posición en aquellos tiempos como «persona de respeto» le hizo mostrarse duro.

Por cierto, el padre de doña Mariana, don Francisco, tenía otra mujer, «la otra señora», así la nombraban. Su posición social de poder y de macho hacía que este «incidente» no le fuera cuestionado por nadie y jamás se tocaba el tema dentro de su familia, ni siquiera por su esposa, que se hacía de la vista gorda. Don Francisco murió como una persona respetada entre la sociedad y su «asunto» con la otra mujer era considerado más como una cualidad de hombre de mucho poder que como una infidelidad hacia su esposa.

Por último y a manera de anécdota, cuando las hijas de don Daniel se casaron, él también rechazó a sus futuros yernos, alegando que querían a sus hijas solo por su dinero, sin embargo, a diferencia de don Francisco, don Daniel sí entregó a sus hijas y asistió a sus bodas.

Robarse a la novia era una opción para comenzar una nueva familia en aquellos tiempos, ante la negativa y los celos de la familia de la novia. Los novios acordaban escaparse por la noche, en algunos de los casos el novio depositaba a la novia en su casa bajo el cuidado de su familia o en casa de algún familiar de la novia que estuviera de acuerdo y él pasaba la noche en otro lado, así se aseguraba que la honra de la novia quedaba intacta, en otros casos, ambos pasaban la noche juntos, escondidos en algún lado, la cuestión era que la novia pasara una noche fuera de su casa, lo que por razones sociales la obligaba a casarse inmediatamente para lavar su honra y la de su familia. Al día siguiente la pareja regresaba y, después de aguantar los regaños y a veces hasta golpes, se acordaba la boda.

Así, en aquel tiempo mi abuela fue robada por mi abuelo y comenzó así su nuevo hogar. Mi abuelo, como muchas otras personas de la época, era alcohólico; alguna vez, una tía me contó que, estando mi abuela embarazada de su primer hijo, don Luciano llegó borracho a casa y por alguna discusión golpeó a mi abuela, la golpiza fue tan fuerte que ella perdió a ese primer bebé, mi tía también me dijo que por esa razón mis bisabuelos se cambiaron a vivir con mis abuelos, para evitar que volvieran a golpear a su hija, mi abuela, pues los divorcios no existían.

Mi abuelo murió años después, dejó a mi abuela con diez hijos, mi papá tenía diez años aproximadamente y tenía tres hermanos más chicos que él. De mi abuelo nadie habla, de hecho, está enterrado en el municipio de Gómez Palacio y no con el resto de la familia, en Lerdo, Durango. No había muchos retratos de él exhibidos en casa de mi abuela y no recuerdo que alguna vez alguien haya mencionado alguna enseñanza o algún buen recuerdo de su convivencia juntos.

Para mis abuelos, la muerte de don Luciano fue su divorcio —murió de cirrosis hepática, por cierto—, así que mi papá fue criado por su abuelo, don Sixto Barrera; he ahí el porqué de tanto amor por él y la intención de cambiarme el apellido por el de quien verdaderamente fue su padre.

Mi papá nunca me lo dijo, pero supongo que una de sus metas en la vida era ser mejor papá que su papá y así lo fue, aunque nunca supo manejar su divorcio ni su relación conmigo después de este, pero ese será tema de otro capítulo.

Mi papá y sus hermanos debieron tener una niñez muy difícil, lidiar con una persona alcohólica, y aparte agresiva, debió ser estresante y duro. El único refugio que tuvieron fue el amor incondicional de sus abuelos. Lamentablemente, en la familia muchos de esos patrones se repitieron en las siguientes generaciones: el alcohol, el machismo y la mujer sumisa volvieron a aparecer.

Supongo que mi papá creció con gran resentimiento hacia su papá. Uno de mis recuerdos de muy niño es haberlo acompañado a la tumba de su abuelo, pero jamás, en los treinta y siete años de vida que conviví con él, fuimos a la tumba de su padre. Cuando yo tenía aproximadamente ocho años, mi papá llegó ebrio a la casa, demasiado ebrio para ser más explícitos; estábamos mi mamá, mi hermana y yo en la sala y él se había recostado en un sillón para seguir su «fiesta», algo nada agradable para nosotros. Mientras observábamos la escena, de repente sacó todo el dinero que traía en los bolsillos, lo aventó al suelo y nos ordenó a los tres que lo recogiéramos, la escena era humillante, pero mi mamá se negó, entonces, mi papá explicó que eso hacía su papá cuando llegaba borracho a la casa, aventaba todo su dinero y todos lo recogían, incluyendo su mamá. No creo que haya sido un grato recuerdo para él, pero se quedó grabado en su memoria y lo repitió bajo los efectos del alcohol.

La habitación de él y la habitación de ella

Desde la época de nuestros abuelos las cosas han cambiado mucho, hoy en día nos parecería absurdo tener una habitación para él y una habitación para ella, pero en la época de nuestros abuelos en las clases pudientes sí las había.

¿Cuál era la función de tener habitaciones separadas? Puedo sacar dos conclusiones, la primera es que así se evitaba incomodar al jefe de familia con «asuntos de mujeres», ya que cuando las mujeres tenían un hijo tras otro, siempre había un recién nacido que atender, y que, además, pasara su primer año junto a su madre, esta situación implicaría levantarse en las noches para alimentarlo, cambiarle el pañal, oír su llanto y otras cosas que podrían quitarle descanso al marido, por lo que este prefería tener su propia habitación.

La segunda conclusión es que tener habitaciones separadas proporcionaba libertad. Como mencioné anteriormente, la autoridad y los actos del jefe de familia no se cuestionaban y disponer de una habitación propia facilitaba el tener libertades, como llegar a la hora que fuese, incluso en estado inconveniente, y cuando el hombre de la casa quería tener relaciones con su esposa, simplemente la visitaba en la otra habitación; así, nuestras abuelas tenían que esperar y cumplir, a diferencia de hoy en día, en que hombres y mujeres piden tener relaciones con su pareja cuando sienten ganas.

¿Qué tanta comunicación había entre padres e hijos? Te contaré la siguiente historia. «No sé si mis papás se casaron por la Iglesia», me contó alguna vez Sofía, una amiga de la edad de mis papás. Conocemos de toda la vida su casa y a su familia, sus papás son un matrimonio de muchos años, aunque la diferencia de edades entre ellos es de casi veinte años; Sofía me contaba que sus papás sí eran amorosos con ella y sus hermanos, su papá más que su mamá, también platicaban de muchas cosas, pero le parecía que había algo raro en su casa: no había fotos de la boda de sus papás.

Cualquiera que entre a una casa de alguna pareja de la edad de nuestros abuelos podrá distinguir varias fotografías de boda. Ese día se contrataba a un fotógrafo profesional, incluso se hacían retratos en estudio fotográfico, que después se ampliaban y se ponían en marcos para adornar la sala de la casa. Por lo que a Sofía se le hacía raro que en el caso de sus papás no hubiera ningún álbum de recuerdo de ese día, no había fotos enmarcadas, no había nada. Sofía y sus hermanos eran católicos, contaban con todos los sacramentos, eran una familia religiosa funcional, pero le parecía extraño ese pequeño detalle. Así que un día le sugerí que les preguntara a sus papás directamente, y rápidamente me contestó: «¡No!, ¡cómo crees! Eso no se pregunta, si no nos han dicho nada por algo será, además, ¿quién soy yo para preguntárselos? Tal vez les dé pena contárnoslo, así está bien».

La relación con mis padres fue distinta, hubo mucha comunicación, y claro que les pregunté todas mis dudas, aunque las preguntas fueran incómodas, ellos sabrían si responderme o no y cómo responderme. Esa comunicación no existe de la generación de mis padres a la de mis abuelos.

La generación de mis papás fue la de los *hippies*, aunque a ellos les tocó muy chicos, que fue una rebelión que también cambió las estructuras familiares, ante la falta de diálogo donde una respuesta recurrente utilizada por los padres era «en mi casa solo se hace lo que yo digo». Muchos de nuestros padres se fueron a vivir en un mundo sin reglas, todo lo contrario a la estructura que se tenía en sus casas, en un mundo donde su opinión sí contara.

Nuestros papás crecieron respondiendo «sí, señor», «sí, señora», pidiendo permiso para levantarse de la mesa a la hora de la comida, escuchando frases como: «no me contradigas», «porque lo digo yo» y siendo reprendidos con golpes ante cualquier falta. En aquellos tiempos todo eso era normal, en las casas había mucha disciplina, como en el ejército, y también se respetaban jerarquías: primero el padre, luego la madre y después el primogénito varón, quien llevaba honrosamente el nombre de su padre.

«No sé si mi papá es divorciado», es lo que un día me contó Carlos —amigo también de mis papás—. Dijo que cuando era joven acompañó en un viaje a su papá, este se reunió con viejos amigos y comenzaron a charlar en torno a una mesa, acompañados de algunos tragos. Como Carlos ya casi era mayor de edad, no tuvieron inconveniente en que los acompañara. Una vez entrada la noche y después de varias copas, a uno de los amigos —olvidando que Carlos estaba presente, supongo— se le escapó preguntarle al papá de Carlos si sabía algo de su exesposa.

Carlos me contó que jamás había oído mencionar que su padre hubiera estado casado anteriormente. Ante la pregunta, su papá respondió que no, sin inmutarse, y jamás le dio ninguna explicación sobre lo que oyó esa noche, de eso hace ya casi cincuenta años y Carlos no ha vuelto a oír ninguna palabra al respecto. Y según sus palabras, tampoco les preguntaría jamás a sus papás sobre el tema; son cosas que simplemente no se preguntan y así se dejan por más curiosidad que se tenga.

Por naturaleza, yo siempre he sido muy curioso, me gusta conocer la historia, sobre todo de mi familia, por lo que no concibo, aunque sea de otra generación, cómo Carlos se ha quedado durante medio siglo con la duda de si su papá estuvo casado y se divorció antes de casarse y formar una familia con su mamá, pero así eran las cosas entre ellos, todo se quedaba guardado, pocas cosas se expresaban.

Las dos casas

La infidelidad es algo que existe desde todos los tiempos, sin embargo, este no es un libro que abordará ese tema, pero sí contaré una historia más sobre cómo era la relación de pareja y la dinámica familiar en la época de nuestros abuelos.

Actualmente, los medios tecnológicos de comunicación que utilizamos harían muy difícil el tener dos familias —aunque no dudo que haya quienes aún lo hagan—, porque creo que alguna de las dos familias se enteraría de la otra, sin embargo, en tiempos de nuestros abuelos no existían ni el internet ni los celulares, así que don Fernando tenía una familia en la Ciudad de México y otra en Guadalajara.

Por su trabajo, don Fernando viajaba a esas dos ciudades teniendo casa, esposa e hijos en cada una. Supongo que al ser el jefe de familia nadie cuestionaba absolutamente nada sobre sus viajes, los cuales puede que ambas familias vieran como normales, y aunque pudieran tener algunas sospechas, en ninguna casa se hablaba al respecto. El caso es que ninguna de las dos familias cuestionaba nada sobre sus actividades y sus estancias, algunas veces prolongadas, en alguna de las dos ciudades.

El señor murió a una edad avanzada, de un infarto, en su casa de la Ciudad de México, su «segunda casa», ya que dicha familia la formó después de su matrimonio en Guadalajara; fue en ese momento cuando todos se enteraron de la doble vida de don Fernando. Se conocieron las dos esposas y los hijos que tenía con ambas. No tengo detalles de cómo fue el encuentro, ni el funeral, la familia nunca habla de ese hecho, el recuerdo de la clase de padre y abuelo que fue don Fernando está basado en cosas buenas, jamás en su doble vida. Hasta su muerte, el señor siguió casado con su primera esposa, jamás se divorció de ella, si las cosas no funcionaban o prefería estar con otra mujer, simplemente tenía otra casa a la cual irse. En las siguientes generaciones de la familia de don Fernando, se presentaron divorcios entre sus hijos y sus nietos al encontrar otras parejas ya estando casados, pero en los tiempos de don Fernando divorciarse simplemente estaba vetado.

Siempre he creído que en el tiempo de nuestros abuelos la figura paterna y la materna eran más sólidas, los hijos rara vez se enteraban de los problemas de sus padres y mucho menos de problemas que tuvieran que ver con sentimientos. Los padres eran duros con sus hijos varones, les enseñaban a no llorar, eran celosos con sus hijas, pero todo lo demás se quedaba en sus recámaras.

Hoy en día, nuestros hijos nos ven más inestables incluso que ellos mismos. Muchos padres de mi edad, divorciados, tienen vidas de adolescentes, se les puede encontrar cada fin de semana en fiestas y bares como si tuvieran veinte años y suben fotos de sus aventuras a sus redes sociales, donde todos las pueden ver, incluso sus hijos, con quienes también comparten sus penas creyendo que teniendo una relación de «amigos» estarán más cerca de ellos. Algunos de los nuevos divorciados cambian de pareja constantemente, cosa que no sucedía en la generación de nuestros abuelos, en la que existía ese tipo de conflictos y otros aún mayores, pero los hijos jamás se enteraban o, si algo oían, jamás cuestionaban, la autoridad y la moral de los padres siempre quedaban sin mancha.

Antes, este hecho, desde mi punto de vista, hacía que los hijos —nuestros padres— crecieran admirando y viendo como ejemplo de estabilidad a sus padres —nuestros abuelos—. Muchos de esos padres son ahora —o fueron, si ya fallecieron— abuelos ejemplares que con la edad dejaron de ser tan rígidos y todos esos sentimientos que no se permitieron expresar con sus hijos los sacaron con sus nietos llenándolos de amor.

Conforme vamos creciendo, sobre todo en la adolescencia, nos gusta creer que algún día vamos a encontrar equilibrio y estabilidad en nuestras vidas, eso lo vieron nuestros padres en sus casas, aunque cuando se cerrara la puerta del cuarto de sus padres, estos tuvieran otra vida, cientos de problemas e incluso divorcios no firmados, pero nuestros padres no lo veían. Actualmente, muchos de nuestros hijos ven más inestabilidad en las vidas de sus padres que en las suyas, lo que los hace crecer inseguros, aunque les demostremos mucho más amor y comprensión.

Entonces, ¿cómo se divorciaban nuestros abuelos? Nuestros abuelos se divorciaban dejando de tener una vida privada juntos, dejaban de tener relaciones sexuales, no se hablaban cuando estaban solos, sin embargo, en público aparentaban funcionar como cualquier pareja feliz. Se divorciaban cuando la esposa fingía estar todo el día enferma, cuando dormían en cuartos separados, cuando el marido tenía otra familia o, en el caso más extremo, cuando la esposa regresaba a vivir con sus papás y se llevaba a los hijos, sin embargo, nunca se decía «se separaron» o «se divorciaron», sino que se inventaban pretextos, como decir que la esposa se había tenido que ir para cuidar a sus papás porque ya eran grandes.

¿Y cómo vivían nuestros abuelos hombres esos supuestos divorcios? En ese entonces no existían las terapias de pareja ni los psicólogos, lo más parecido a ello era un sacerdote con el que se podía platicar y recibir consejos, los roles de género estaban muy bien definidos y el hombre tenía que ser «muy hombre», era una época en la que cualquier demostración de sentimientos o de debilidad podía ser tomada como una acción «afeminada», lo cual, por supuesto, era mal visto.

Los hombres simplemente se quedaban con todo adentro, siempre demostrando dureza, no solo con sus parejas sino también con sus hijos, siempre demostrando seguridad, confianza, sin quebrarse jamás, en muchos casos su escape era el alcohol, con el que creían liberar algo de presión.

Con el tiempo, al dejar los hijos el hogar, muchos de nuestros abuelos se volvieron a encontrar, supongo que hicieron las paces por todo lo ocurrido en años anteriores y decidieron pasar sus últimos años en paz; incluso, con la llegada de los nietos, se dieron la oportunidad de hacer las cosas diferentes, de jugar más, de mostrarse más afectuosos, de demostrar sus sentimientos y dar más amor, aunque claro, hubo algunos que nunca cambiaron.

En estos nuevos tiempos, el argumento de la película *La oveja negra* nos parece algo de otro siglo —que sí lo es—, de otra época muy lejana, incluso de una época donde no existía el color, pero antes de llegar al presente tenemos que pasar por la generación de nuestros papás, donde comenzaron a darse con más frecuencia los divorcios.

El divorcio de mis padres

Del tiempo de mis abuelos al de mis papás muchas cosas cambiaron, las mujeres ganaron cada vez más derechos y se incorporaron a actividades antes exclusivas de los hombres. La edad del matrimonio se postergó, muchos de nuestros padres se casaron después de cumplir los veinte años, la preparación académica se hizo más común no solo en los hombres, sino también en las mujeres. Muchas de nuestras mamás comenzaron a estudiar carreras técnicas, incluso carreras universitarias, comenzaron a trabajar una vez que terminaban la escuela en vez de ayudar en sus casas a cuidar a sus hermanos o con las tareas del hogar.

En 1953 a las mujeres se les otorgó el derecho a votar, sin embargo, para mí lo que revolucionó su libertad fue el invento de una patente mexicana: la pastilla anticonceptiva. Con la llegada de las pastillas anticonceptivas ya se podía planificar una familia, en la época de nuestros abuelos gran parte del matrimonio se basaba en traer al mundo cuantos hijos se pudiera, pero con la pastilla, y otros métodos anticonceptivos, se redujo significativamente la tasa de natalidad. «Pocos hijos para darles mucho» era un *slogan* del Gobierno federal que promovía la familia pequeña. Como resultado de una familia planificada, nuestros papás tuvieron más tiempo, para sí mismos y para convivir como pareja, la dinámica familiar cambió, el rol de la mujer ya no solo era estar embarazada y cuidar niños, esta tarea podía terminar años después, cuando los hijos entraran a la escuela y a partir de ahí darse tiempo para otras actividades.

La intimidad volvió a las parejas, aumentó el tiempo de convivencia entre ellos y con los hijos. Nuestras mamás, las que no trabajaban, podían participar en actividades de la escuela de sus hijos, tomar alguna clase por la mañana o hacer ejercicio, como *aerobics*, muy de moda en los ochenta, cosas para las que no tenían tiempo nuestras abuelas. El matrimonio cambió de objetivo, ya no solo era tener una familia grande donde los cónyuges tuvieran poco tiempo para ellos, ahora estar casado también significaba tiempo de convivir con la pareja.

La pastilla anticonceptiva también trajo otros beneficios, por ejemplo, antes de su invención, las mujeres corrían el riesgo de embarazarse con cada relación sexual, lo cual, socialmente, no representaba problema alguno estando ya casadas, pero sí cuando decidían tener relaciones sexuales antes del matrimonio.

Quedar embarazada antes del matrimonio, además de la deshonra familiar, podía acarrear otro tipo de problemas, la solución más fácil e inmediata era casarse lo más rápido posible antes de que se notara el embarazo. Pero ¿qué tal si alguno de los dos no se quería casar? En ese caso, la mujer no tenía muchas opciones, se casaba porque se casaba, le gustara su marido o no, lo quisiera o no, pero si el hombre se ponía terco y decidía nada más no casarse, entonces sí comenzaban los problemas.

A finales de los setenta, Sandra y Gilberto eran novios, se conocieron en una fiesta de su universidad, Gilberto era el primer novio de Sandra, y ella provenía de una familia muy protectora. Después de unos años de noviazgo, y aún sin concluir sus estudios, Sandra quedó embarazada. Las familias de ambos acordaron una boda lo más rápido posible, casi sin consultarlos, pero los dos tenían dudas en su interior, ¿de verdad querían estar juntos toda la vida?... Ya tenían problemas siendo novios, pero todos creyeron que los superarían una vez que formaran una familia. Después de que se casaron llegó su primer hijo y luego, un segundo, fue entonces que decidieron ya no tener más hijos; sin embargo, a pesar de haber conformado ya una familia, como pareja jamás funcionaron. Desde el principio nunca se llevaron bien y conforme crecieron sus dos hijos y fueron demandando menor atención, se fueron encontrando nuevamente como pareja, pero resultó que esa situación los alejó más, permanecieron casados y trataron de encontrar ocupaciones que los mantuvieran entretenidos y lejos de la mutua convivencia. Si estabas con ellos notabas que casi no se hablaban y cuando lo hacían, generalmente era para reclamarse algo; aun así, pasaron «juntos» más de treinta años en total.

Cuando me contaron que Gilberto y Sandra se divorciaron, no me sorprendió en lo absoluto, pero siempre dudé de que se atrevieran a hacerlo. Formaron una pareja que nunca funcionó, sus hijos habían crecido, ya eran abuelos y parecía que se habían resignado a permanecer juntos el resto de sus vidas, pero como lo dije en un principio, nuestra expectativa de vida ahora es superior a los setenta y cinco años, por lo que ahora tienen por lo menos quince años por delante, si no es que más, finalmente decidieron ser felices cada uno por su cuenta el resto de sus vidas.

Los hijos de Sandra y Gilberto ya pasaban de los treinta años cuando sus papás se divorciaron, uno era casado, otro divorciado y ambos tenían ya hijos; no obstante, el divorcio de sus papás les afectó bastante, también a sus propios hijos, y más a los del que era divorciado, pues aparte de que estos ya tenían a sus papás divorciados, ahora también a sus abuelos, y ya no solo tenían que dividir su tiempo entre su papá y su mamá, sino también entre su abuelo y su abuela.

Gilberto, ahora un padre divorciado y abuelo, actualmente es quien está más solo. Antes, cuando sus hijos y nietos iban a su casa, convivían con Sandra y él, pero ahora que vive solo, sus hijos tienen que dividir el tiempo para visitar a su mamá y a su papá. Además, antes sus nietos se quedaban a dormir, pero ahora difícilmente se los dejarían a cargo a él solo; se ha convertido en abuelo de un día cada dos semanas, pues Sandra es quien acapara la atención de sus hijos y nietos.

El divorcio nos deja solos a los hombres, muchos nos culparán de lo sucedido y dirán que son las consecuencias de nuestros actos, pero un mal matrimonio es responsabilidad de dos, aunque las consecuencias sean para todos.

Los esposos en la época de nuestros abuelos tenían poco tiempo para convivir como pareja, en la época de nuestros papás eso cambió y trajo como consecuencia un mayor número de divorcios; algunos se dieron después de una década de matrimonio, como en el caso de mis papás, otros después de tres décadas, como en el caso de Sandra y Gilberto; no obstante, los divorcios son igual de difíciles para los hijos a cualquier edad y, como vimos en el caso anterior, la separación puede llegar a afectar incluso hasta a los nietos.

La pastilla y otros métodos anticonceptivos dieron libertad sexual a las mujeres. Se podían tener varios novios antes de casarse y con algunos de ellos tener relaciones sexuales sin el riesgo de un embarazo no planeado, esto también permitió postergar la edad para casarse. Sin embargo, también amplió el panorama de los hombres casados, ya que, anteriormente, al tener una amante también la podían embarazar, y de cierta forma contraer un compromiso, la «casa chica», ahora se podía evitar ese embarazo y evitar el compromiso que implicaría tener otra familia.

Las mujeres comienzan a trabajar

Muy pocas de nuestras abuelas trabajaron, concluidos sus estudios la mayoría se quedó en casa para ayudar a su mamá a atender a sus hermanos y ya casadas su trabajo era tener muchos hijos y cuidar de ellos. Con nuestras mamás las cosas fueron diferentes, como las familias pequeñas se pusieron de moda, después de unos cuantos años de crianza de los hijos, nuevamente tendrían tiempo para ellas.

Muchas de nuestras mamás optaron por atendernos en todos los aspectos, se metían en la mesa directiva de la escuela, organizaban festivales, paseos escolares, etc., por la tarde nos ayudaban con nuestras tareas, nos llevaban a clases de inglés, natación o a realizar alguna otra actividad, nos llevaban a las casas de nuestros amigos, donde, además, pasaban largo tiempo conversando con las mamás de ellos. Así crecí yo antes de que se divorciaran mis papás.

¿Te suena conocida la frase: «Seguro que ese niño no tiene mamá»? Se la oí muchas veces a mi mamá, generalmente, refiriéndose a un niño «vago», uno más travieso de lo habitual. La mayoría de mis amigos del kínder y la primaria tenían mamás parecidas a la mía, también tenían pocos hermanos, mamás que podías ver a la salida de la escuela hablando entre ellas, organizando actividades escolares, todas conocían perfectamente a la maestra y estaban al tanto de nuestro desempeño, en la tarde nos llevaban a clases extras y a jugar entre nosotros. El niño más «vago», aquel que salía de su casa solo, cuya mamá no se preocupaba por ir a la escuela a ver su desempeño, y que se metía en problemas, era con el que no querían que te juntaras porque de seguro era una mala influencia y era el niño al que se referían con un «seguramente su mamá no lo quiere» o un «no tiene mamá».

Tal vez después de leer el párrafo anterior pudieras pensar que mi familia tenía dinero, pero no era así, lo que pasa es que el hecho de que las mujeres trabajen para ayudar en el hogar es relativamente nuevo.

Mi papá creció en un hogar muy pobre, eran diez hermanos más mi abuela, viuda después de poco más de, tal vez, quince años de casada; sin embargo, a pesar de las carencias y de no tener dinero ella nunca trabajó de manera formal, hacía trabajos en el hogar, trabajos de costura, algunas de mis tías siguieron su ejemplo, pero era un trabajo que se hacía en casa, donde se podía seguir administrando el hogar y vigilar a los hijos sin tener que ausentarse.

La tarea de llevar dinero a la casa de mi abuela, doña Elena, recayó en los hijos hombres y en mi tía Ana, la mayor, quien estudió para ser educadora y que hasta antes de casarse, ayudaba en casa de mi abuela con su sueldo de maestra. Así, cada hijo de mi abuela, al ir dejando la escuela y comenzando a trabajar, cooperaba para el sustento de la casa, hasta contraer matrimonio; entonces, se caía en una nueva crisis, ya que las finanzas se desbalanceaban y, cuando menos en mi familia, cada vez que se casaba algún hijo, más que una ganancia, era una pérdida si a este no le alcanzaba para las dos casas.

El niño de oro

Mi papá, Adrián Gutiérrez Barrera, fue el séptimo hijo de doña Elena, mi abuela, y su tercer hijo varón. Al casarse y tener hijos sus dos hermanos mayores, el sustento de su casa recayó en gran parte sobre él, mi papá no solo tenía que estar al pendiente de su mamá, también de mis tías solteras y de sus hermanos más chicos. Mi papá fue encontrando oportunidades laborales en la desaparecida Secretaría de Agricultura y Recursos Hidráulicos, al grado de ejercer como ingeniero, aunque realmente no contara con estudios universitarios, gran parte de su sueldo se iba a Lerdo para todos los gastos de su familia y él vivía como soltero modestamente.

Mi papá se casó a los veintiséis años y la noticia no agradó mucho a su familia, sus dos hermanos menores poco aportaban a su casa y en él recaía gran parte del sustento directo de, por lo menos, cinco personas, más otras tantas indirectamente. A mi mamá, los Gutiérrez no la conocían, ya que mis papás se conocieron en Irapuato, ciudad donde ambos radicaban, la conocieron poco antes de la boda, sin embargo, se referían a ella como «la bruja que quiere quitarnos tu amor». Aunque el amor entre familia no se quita, lo que sí les podía quitar era dinero, ya que al tener una casa, hijos y los gastos que una familia conlleva, el ingreso para la casa materna de mi papá se iba a ver disminuido o iba a desaparecer, este hecho siempre pesó sobre el matrimonio de mis papás y creo que también fue un gran peso personalmente para mi papá.

Recuerdo muy bien los domingos por la noche, era la hora en que llamaban por teléfono desde Lerdo, porque salía más barato; marcaban y colgaban, esa era la señal para que mi papá devolviera la llamada, en quince o veinte minutos hablaba con mi abuela y sus hermanas, se ponían al día con lo sucedido, pero después llegaba la hora de las necesidades, una de mis tías, ya casada, era la encargada de notificarle a mi papá todo lo que allá se requería, si algún sobrino necesitaba zapatos nuevos, si mi abuela necesitaba dinero para el doctor, si alguno de sus hermanos se había metido en problemas, etc.; mi papá resolvía hasta donde podía e incluso más, sin embargo, hubo un día en el que ya no pudo y ahí cambió todo.

Para ser justos te contaré que mi papá enfermó en el 2015 y en pocos meses nos dejó, mi hermana radica en Francia y yo en Guadalajara, a ochocientos kilómetros de donde él vivía, en Ciudad Lerdo, y todos sus hermanos y muchos de sus sobrinos estuvieron al pendiente de él en todo momento, acompañándolo en su enfermedad, atendiendo sus necesidades y ayudándolo económicamente con sus gastos de medicinas y enfermeras, así como con los gastos funerarios cuando falleció. «Así son los Gutiérrez», diría mi primo Salvador. Le demostraron en sus últimos días todo su agradecimiento y amor por estar siempre con ellos, muchos de mis primos me comentaron que mi papá había sido para muchos de ellos como un papá. Siempre les estaré agradecido por haber estado con él cuando mi hermana y yo no pudimos.

Retomando el punto original, en la época de nuestras abuelas muy pocas mujeres trabajaban y las que lo hacían era en labores que pudieran hacer en casa, y cuando aumentaba el peso económico de sus hogares era en los hijos en quienes recaía.

En la generación de nuestros papás las mujeres comenzaron a estudiar para ser educadoras o secretarias, o estudiaban carreras técnicas que les permitieran trabajar en lo que se casaban. De hecho, mi mamá estudió para ser secretaria bilingüe y en su trabajo, en la Secretaría de Agricultura y Recursos Hidráulicos, fue donde conoció a mi papá; cuando se divorció no le quedó otra opción más que regresar a la vida laboral por completo, en los años ochenta y en los noventa cada vez más mujeres se integraron a la vida laboral, cambiando la dinámica familiar por completo.

Las relaciones en pareja nunca han sido fáciles, no lo eran en la época de nuestros abuelos, no lo eran en la época de nuestros papás y mucho menos lo son ahora, sin embargo, las circunstancias han cambiado, en la época de nuestros abuelos una vez casados había que aguantar de todo, no había salida del matrimonio, generalmente, quienes cometían los abusos eran los hombres. Entonces, ¿por qué no se divorciaban nuestras abuelas? Por motivos religiosos, por el qué dirán, por no poder mantenerse económicamente solas, por tener muchas bocas que alimentar y por el poco apoyo de sus familias para dar ese paso; sin embargo, en la época de nuestras mamás, muchos de esos factores desaparecieron, tal vez el factor religioso y el qué dirán seguían ahí, pero al tener pocos hijos y estar más preparadas, muchas de ellas, habiendo trabajado antes de casarse, no tenían por qué aguantar un mal matrimonio, y aunque la decisión siempre es difícil, muchas de nuestras madres tomaron la decisión de no seguir más, de divorciarse y sacar adelante ellas a sus hijos.

En Rioverde, donde crecí, los papás de algunos de mis amigos estaban separados, pero el tema no se tocaba, era un pueblo con viejas costumbres y se aparentaban muchas cosas. Llegué a vivir a la Ciudad de México en 1989, con mis papás recién separados, y me sorprendió que en mi nueva escuela muchos de mis compañeros también tuvieran a sus papás divorciados y que se hablara de eso con naturalidad, no era tabú como en Rioverde.

Dos años después llegué a Guadalajara, una ciudad más conservadora, en la escuela de nuevo éramos pocos los que teníamos papás divorciados, pero en veinte años las cosas han cambiado mucho, y no solo en Guadalajara, en todo el país. ¿Vivimos en la era del divorcio? Creo que sí, por eso es tiempo de detenernos a analizar las afectaciones que este puede traer a todos los implicados y sobre todo comenzar a entender lo que sienten los papás divorciados.

Hijo de padres divorciados

Mi papá, mi héroe

Mis papás venían de sistemas familiares totalmente diferentes. Hoy, a mis treinta y ocho años, creo que mi papá quería mucho tener una familia, pero más que nada, quería tener hijos. El recuerdo de su padre no debió ser grato y su relación con mi abuela se basaba en protegerla y, a la vez, en ser un poco el sustituto de su padre; cosa que a mí también me sucedió cuando se divorciaron mis papás.

Te cuento mi historia porque extractos de ella pueden coincidir con la tuya, pero, sobre todo, quiero que analices cómo me sentí. Hay excelentes libros sobre cómo salir adelante después de un divorcio, como *Consejos para padres divorciados* de mi amiga Martha Alicia Chávez; mi mamá me regaló ese libro cuando me divorcié y no solo me ayudó con mi divorcio, sino que también me ayudó a entender mucho de lo que había vivido con el divorcio de mis papás. Sin embargo, aquí quiero abordar cómo se vive, cómo se siente y cómo un divorcio cambia tu vida y la de tu familia.

Mis papás se casaron a finales de la década de los setenta, formaron una familia joven en la que ambos trabajaban y parecía que tenían un gran futuro por delante. Se conocieron y después se casaron en la ciudad de Irapuato, donde también nací yo, pero antes de que cumpliera dos años, nos mudamos a Rioverde, San Luis Potosí, de donde me considero oriundo. Dos años y medio después de mi nacimiento, llegó mi hermana y, entonces, mis papás decidieron que la familia ya estaba completa: Adrián y Rocío, hijos de Adrián y Rocío. Ya sé, fueron muy originales; pero diré que muchos otros padres de su generación, al tener solamente dos hijos, casualmente niño y niña, también les ponían sus nombres a sus hijos.

Te puedo decir que mi papá era genial y también mi vida. El hecho de vivir en un lugar pequeño hacía que mis papás tuvieran mucho tiempo para mi hermana y para mí. Mi mamá dejó de trabajar desde que nací y todo su tiempo era para mí y, posteriormente, para mi hermana. Mis papás me enseñaron a nadar, andar en bicicleta y patinar; en lo personal, yo era muy apegado a mi papá, desde pequeño lo iba a ver jugar futbol los fines de semana, que por cierto —y tristemente—, no heredé sus habilidades para los deportes. Él jugaba futbol muy bien, era delantero y metía muchos goles, pero también jugaba beisbol, como *pitcher*, solamente que en contadas ocasiones, ya que no era su deporte favorito; jugaba básquetbol también, sobre todo en equipos con dos de sus hermanos: mi tío Tony —que medía 2.04 metros— y mi tío Chava —que mide cerca de 1.90 metros—. Mi papá era bueno para todos los deportes, montaba a caballo y ejecutaba todas las suertes charras, sumado a ello, en su juventud también fue novillero; alguna vez lo vi torear una vaquilla en Rioverde. Antes de casarse, sufrió una cornada muy fuerte toreando en una ganadería durante una tienta; según me contó mi abuela, esa cornada casi le cuesta la vida.

El gusto por los deportes sí lo pude heredar de mi papá. Él me construyó una pequeña canasta de básquetbol en el patio de nuestra casa y, por las tardes, después de trabajar, también jugaba futbol conmigo. A mis cinco años, hizo un equipo en la liga sabatina infantil para que yo jugara —de delantero, claro, y con el número diez—, pero era realmente malo. Me enseñó a torear, a montar a caballo e irresponsablemente me dejaba manejar desde que tenía diez años. Recuerdo haberlo acompañado caminando cientos de veces a su oficina por la tarde a checar su tarjeta de salida, o salíamos a campo, ya que él se encargaba de las obras hidráulicas que llevarían agua a ejidos y municipios de San Luis Potosí.

Por su trabajo, mi papá tenía una camioneta amarilla Dina —así le decíamos: «la camioneta amarilla»—, en la que en el tablero estaban impresos mis dientes, pues me daba por marcarlos ahí cuando tenía tres años, recuerdo que yo cabía perfectamente de pie en el asiento, y ese era mi lugar, entre mi papá y mi mamá (en ese entonces no se usaban cinturones de seguridad). En todo había rastro de nuestra relación, una relación que, para entonces, me parecía inquebrantable. Si a mis diez años me hubieran dicho que se iban a divorciar mis papás y me hubieran preguntado con cuál de los dos me iría a vivir, hubiera contestado sin tener que pensar: con mi papá.

Mi mamá, la mala del cuento

Cuando me estén leyendo, muchas mujeres se sentirán identificadas con mi mamá. ¿Mi mamá era mala? Claro que no, pero en ese entonces era ella la que me reprimía y limitaba. Con mi papá todo era juego y diversión, salir al campo, jugar futbol, etc., él era muy relajado y no intervenía en las cuestiones serias, con él se podía hacer lo que fuera —años después, mi hermana lo aprovecharía mucho—. Sin embargo, la de las reglas era mi mamá, en mis primeros cinco años, también fue muy divertido estar a su lado, me enseñó las letras, a dibujar, a patinar y todo el tiempo jugaba conmigo, pero cuando entré a la primaria, comenzaron nuestras diferencias.

Para mi papá, la escuela no era importante. Él no había estudiado mucho, de hecho, nunca supe hasta qué grado académico llegó, sin embargo, trabajaba como «ingeniero» para el Gobierno; tampoco sé qué tan buen estudiante fue, pues nunca presumió mucho su desempeño en la escuela, así que toda la responsabilidad de la educación recayó sobre mi mamá.

Mi mamá era muy exigente, y ahí fue cuando se convirtió en la mala del cuento. Para ella, la escuela era cosa seria, una gran responsabilidad; mi mamá me leía desde pequeño, el que hubiera libros en la casa era por ella, desde que tengo uso de razón, nos decía a mi hermana y a mí que iríamos a la universidad; nos programó para que tuviéramos grandes expectativas en la vida, pero para lograrlo, tuvo que ser dura y enseñarnos a ser disciplinados. En aquellos años no había mucho dinero, difícilmente se hubiera podido costear nuestra universidad, pero ella lo decretó y así fue.

Con la entrada a la primaria comenzaron las tareas, y había que hacerlas, no bien, sino perfectas; mi mamá se sentaba a hacerlas conmigo, y no dudaba en romperlas y hacerme empezar de nuevo si las hacía mal o no le gustaban. En la escuela tenía que ser el mejor, una calificación de ocho significaba castigo seguro, le gustaba que mis trabajos fueran exhibidos en una especie de cuadro de honor y me exigía tener promedio de diez.

Así fueron mis primeros años de primaria, pero llegando al cuarto año, comencé a rebelarme saliendo de casa yo solo; viviendo en un lugar tan pequeño, desde segundo de primaria tenía esa libertad, pero en cuarto año, mi mamá y yo comenzamos a tener más diferencias por la escuela. Ella era muy exigente y yo quería cada vez más libertad, libertad para irme toda la tarde a jugar con mis amigos saliendo de la escuela, básicamente, pero cuando no cumplía con mis tareas, automáticamente ya no tenía permiso para salir. Así comenzaron nuestras discusiones y, aunque hoy lo veo como una niñada, a los diez años pensé, por primera y única vez, en irme de mi casa porque ya no aguantaba.

Mi papá, mi refugio

Al tener todos esos conflictos con mi mamá, mi papá se convirtió en un refugio. Él siempre abogaba por que mi mamá no nos exigiera tanto a mi hermana y a mí, argumentando que la escuela no era tan importante, pero en ese aspecto, la voz de mi mamá era más fuerte y él siempre procuraba no involucrarse tanto. En mi casa, los permisos para todo los otorgaba mi mamá; sin embargo, una vez desafié su autoridad. Había querido salir con mis amigos y no me había dejado, así que, por primera vez, le pedí permiso a mi papá, quien me lo otorgó; me fui de la casa con miedo, sabiendo que había hecho algo muy malo. Y sí, al volver, mi mamá me reprendió, no solo por haber salido sin su permiso, sino también por haberle pedido permiso a mi papá siendo que ella ya me lo había negado. Jamás lo volví a hacer.

Yo veía a mi mamá muy fuerte, como a toda una autoridad, ella era quien mandaba, daba órdenes, ponía castigos y nos gritaba cuando era necesario. Mi papá, en cambio, era todo lo contrario, con él se podía hacer cualquier cosa, generalmente, cosas divertidas. Unos años después, las cosas cambiaron por completo.

Mi otro papá

En aquellos años, la escuela y la disciplina impuesta por mi mamá eran mi mayor problema. Pero realmente era un niño feliz y creía que mi familia también lo era, sin embargo, de vez en cuando, salía mi otro papá, no muy a menudo, pero había algo que lo disparaba.

Mi papá era atento con mi mamá, siempre la llamaba «mi reina», y con mi hermana y conmigo todo era un juego siempre. La familia de mi mamá vivía en Guadalajara y la de mi papá en Ciudad Lerdo, Durango, por lo que nuestras vacaciones siempre eran en alguno de esos destinos, ambos completamente diferentes.

La familia de mi mamá era más de clase media y no éramos tan numerosos, cuando menos, en mi niñez éramos solamente seis primos, después llegarían tres más. En casa de mi papá éramos treinta y nueve primos, y muchas veces coincidíamos todos en la casa de mi abuela, la cual era muy modesta; por cada cuarto y por cada cama dormían todos los que cupieran, algunos más en la sala o en el suelo, siempre alcanzaba para todos y solían decir:

«en cualquier rincón nos acomodamos». La realidad es que, aparte de mi abuela, vivían otros tíos en la ciudad y por todos lados nos acomodábamos. Con los Gutiérrez, la familia de mi papá, cada generación tenía su propia «manada», por decirlo así, contabas siempre con cuatro o cinco primos de tu edad, con quienes hacer tu pandilla, los pleitos entre nosotros eran algo de todos los días, pero también siempre había con quien jugar futbol, ir al parque o simplemente estar sentado en una banqueta, esperando que se metiera el sol para salir de nuevo a jugar, la verdad es que me divertía mucho con ellos.

En Lerdo mi papá cambiaba, hacía lo que en Rioverde lo vi hacer solamente en los últimos años que estuvimos juntos. Mi papá frecuentaba las cantinas en Lerdo, pero no iba una o dos horas, sino que llegaba desde la tarde y se quedaba toda la noche, y así por varios días; no llegaba a dormir y en alguna ocasión, llegó con el labio roto después de una pelea de borrachos.

Tomar era algo común en la familia Gutiérrez, algo que nunca vi en la familia Ávila, la familia de mi mamá, en la que todo era más saludable. Mis dos tíos mayores fueron alcohólicos; el mayor ha tenido varias recaídas y, sorprendentemente, hoy tiene más de setenta años y es todo un personaje; mi otro tío tuvo un accidente muy grave que casi le cuesta la vida. Cuando yo tenía aproximadamente ocho años, mi tío manejaba en estado de ebriedad, y después de que tuvo un accidente decidió pedir ayuda en Alcohólicos Anónimos y hasta hoy no ha vuelto a beber. Parecía que mi papá tenía que volver a ser uno de ellos cuando regresaba a Lerdo, macho, mujeriego y tomador, como si su familia no le perdonara el ser diferente.

En Lerdo mi papá cambiaba tanto que desde que yo era muy niño, me daba tragos de cerveza. Una de sus salidas preferidas para tomar era ir al río; él y mis tíos compraban cervezas suficientes para pasar todo el día ahí y también cargaban con todos los niños posibles, pero siempre había algo que se les olvidaba:

llevarnos agua. El verano en Lerdo es muy caliente, pues es una zona desértica, los niños nos dedicábamos a explorar, a jugar futbol y, tarde o temprano, llegábamos a pedir agua. Sin embargo, nunca había. Únicamente había cerveza y eso nos daban, parecía que nos estaban educando para de grandes ser como ellos.

Mi mamá me cuenta que, en su primera Navidad en Lerdo, dos de mis tíos, ya ebrios, empezaron a insultarse en busca de una confrontación en plena cena familiar. Mi papá les pidió ser prudentes, les dijo que se comportaran, ya que mi mamá no estaba acostumbrada a esas actitudes; entonces, uno de mis tíos fue con mi abuela a «acusar» a mi papá por lo sucedido y, a los pocos minutos, llegó una de mis tías a correr a mi mamá de la casa, diciendo que así eran ellos y que, si a mis papás no les gustaba, que se fueran, y así lo hicieron. Acerca de ese incidente, mi mamá dice que ella no se quejó, que mi papá por su cuenta les pidió a mis tíos que se calmaran y que ella resultó corrida de la casa de mi abuela en su primera Navidad. «Hay que recordar que yo era la bruja que les había robado su amor —el de mi papá—», dice mi mamá, y desde ese día en adelante, se ganó el apodo de «la condesa».

Los divorcios son entre la pareja, pero, muchas veces, las familias ayudan mucho. En este caso, tanto mi familia Gutiérrez como mi familia Ávila cooperaron para que el divorcio de mis padres se diera. No vivíamos en la ciudad de ninguna de las dos familias, pero influían mucho, la familia de mi papá jamás dejándolo ir, siempre él tendiendo que hacerse cargo de las necesidades de muchos de ellos, además de que nunca trataron del todo bien a mi mamá; cosas como esas van mermando las relaciones poco a poco. Esa vez no fue la única ocasión en que, por alguna molestia, nos corrieron de alguna de las casas de la familia Gutiérrez, cuando menos, recuerdo dos más y, siendo honesto, en todas las ocasiones el motivo real fue un complejo de inferioridad exacerbado por el alcohol y una más por celos. En un viaje a Los Ángeles nos hospedamos con una hermana de mi papá y fuimos a visitar a unos primos de mi mamá que vivían allá también; eso le molestó a mi tía y cuando regresamos, no nos abrieron la puerta; tuvimos que volver con los primos de mi mamá a dormir de improviso.

Mi abuela era un amor conmigo, pues yo era un hijo varón de uno de sus hijos varones. Para ella había jerarquías y si había machismo en la familia era porque ella así los había educado; para mi abuela sus hijos varones eran ciudadanos de primera, mientras que sus hijas estaban para servir a sus hijos, los hijos varones de sus hijos también «valíamos» más que los hijos varones de sus hijas y, por supuesto, más que sus nietas. Pero mi mamá era su enemiga mortal, nunca comió en la misma mesa que ella, se iba a comer a la cocina y siempre demeritaba todo lo que mi mamá hacía comparándola con otras personas. Todo eso suma y después de diez años de casados, mi mamá estaba harta de la familia de mi papá.

En el caso de la familia de mi mamá, la intromisión se dio cuando mi mamá decidió divorciarse; le dieron todas las armas para que lo lograra, no dejándola sola y agregando, además, una fuerte dosis de cizaña, como decimos los tapatíos, para convertir a mi papá en el hombre más malo sobre la tierra. Mi papá era de piel muy morena, por lo que una de mis tías pedía «ir con todo contra "el negro"», al parecer mi papá nunca le cayó bien.

¿Cuándo comenzaron los problemas entre mis papás? Los problemas entre mis papás tal vez existieron siempre, pero no eran evidentes; la realidad es que no me di cuenta de ellos hasta que tenía diez años, antes de eso yo vivía en una burbuja en la que mi familia era completamente feliz. Los problemas entre ellos se acentuaron también por la falta de dinero, cuando terminó la obra en Rioverde, mi papá tenía que ser trasladado a otra ciudad, sin embargo, él ya no quería mudarse, quería quedarse en Rioverde donde ya teníamos viviendo ocho años. Mi papá tenía un plan: primero, al no tomar el puesto que le ofrecían en su trabajo, tenía que renunciar a su puesto actual como gerente residente de la tierra y darse de alta como dibujante en la Secretaría de Agricultura y Recursos Hidráulicos para no perder su antigüedad y prestaciones; después, se dedicaría a sembrar chile en un rancho rentado junto con un socio. Sin embargo, las cosas le salieron muy mal; él no sabía nada de agricultura ni del comercio del chile y, aun así, decidió aventurarse y se fue a la quiebra. No es que tuviéramos mucho y justo por eso fue más duro, se aventuró a emprender sin un respaldo. En la casa poco a poco empezó a faltar el dinero, mis papás comenzaron a pedir dinero prestado a la familia de mi mamá, a los amigos de ambos, hasta el día en que ya no se pudo más. La solución temporal pareció llegar de Culiacán, Sinaloa, a través de un amigo de mi papá de la infancia, quien le ofreció trabajo para salir adelante.

Seis meses en Culiacán

Para el año de 1987 las cosas en mi casa estaban muy mal económicamente, el amigo de mi papá lo había invitado a trabajar en Culiacán, al otro lado del país, y le prometió hacerlo director de una llantera de la cual él era propietario, además de ocuparse de inmediato de la construcción de varios proyectos que tenía. Se oía muy bien, pero mis papás decidieron que mi papá se adelantara y el resto de la familia lo alcanzaríamos después. Era la primera vez que nos separábamos de mi papá, era la primera vez que no estábamos juntos, como familia.

El dinero nunca llegó a Rioverde, fue una época muy dura en la que, incluso, muchas veces no había dinero para comprar comida; fue la primera vez que vi a mi mamá dejar de comer para que mi hermana y yo comiéramos, cuando le preguntábamos por qué no comía, nos contestaba que estaba a dieta. El pedir prestado ya no era una opción, ya no había de dónde sacar recursos y mi papá, tristemente, no nos mandaba dinero.

Desde Culiacán, mi papá decía que todo iba bien y nos pidió que nos fuéramos con él; entonces, empacamos algunas cosas, otras más las mandaríamos por tren y el resto se quedaría en Rioverde. Al parecer, las cosas aún no estaban del todo decididas y la casa se quedó media puesta por si regresábamos. Paramos en Guadalajara unos días y llegamos a Culiacán cuando terminó el verano. Mi papá fue a recibirnos a la central camionera en una camioneta de modelo reciente y después nos llevó a desayunar a un Toks en una colonia residencial, parecía que las cosas no estaban tan mal, sin embargo, unas horas después, todo cambió.

Mi papá había rentado un departamento para vivir, pero aún no estaba terminado, las ventanas no tenían vidrios, no había electricidad ni agua en las regaderas y mucho menos agua caliente; estaba en un tercer piso y para dormir había recogido un colchón que alguien había tirado en el edificio. Dormíamos todos en su «recámara», ellos y mi hermana en el colchón y yo, por un lado, en una colchoneta que nos habían prestado. Hay dos cosas que recuerdo de Culiacán, el calor que hacía cuando llegamos, entonces el que las ventanas no tuvieran vidrios ayudaba a soportarlo, sobre todo en las noches, y que cuando comenzó a hacer frío, hubo que tapar las ventanas con lo que fuera, en este caso, bolsas de plástico.

Unos días después llegó la electricidad, entonces pudimos calentar agua en la cafetera para bañarnos a bandejazos. El departamento tampoco contaba con estufa ni gas, tampoco tuvimos nunca televisión y los muebles jamás llegaron de Rioverde, solo algunos electrodomésticos y otras cosas más que se echaron a perder porque les cayó azúcar durante el traslado en tren.

Mi papá jamás fue director de la llantera, nunca supe de qué trabajaba, pero pasaba mucho tiempo en el rancho de su amigo, como mozo, cuidando caballos y haciendo mandados. Mi mamá sí tuvo que comenzar a trabajar en la llantera como secretaria. La escuela en la que mi hermana y yo estudiábamos en Rioverde casualmente tenía un plantel en Culiacán, el Colegio Sinaloa, donde nos aceptaron para continuar con nuestros estudios. Desde el kínder yo había estado con los mismos compañeros y ahora tenía que adaptarme a toda una nueva vida.

Mis días comenzaban yendo a la escuela, alguno de mis papás nos iba a dejar y a recoger en camión a mi hermana y a mí. Los primeros días o semanas comíamos tortas de pierna que comprábamos en Plaza Fiesta, un local dentro del supermercado Gigante; después comenzamos a comer comida preparada comprada en el supermercado, también comencé a trabajar. Por las tardes, mi hermana y yo nos íbamos a la llantera con mi mamá y yo me iba a donde parchaban las llantas, ahí comencé a inflar llantas y a ganarme propinas por ello; le daba el dinero a mi mamá, ella me había abierto una cuenta en el banco, pero la realidad era que la mayor parte del dinero la usaban para comprar la cena de cada día; yo no lo sabía, yo creía que estaba ahorrando, pero ahora me da mucho gusto haber ayudado.

Estar en Culiacán fue el principio del fin, fue una mala experiencia para todos, fue un tiempo de muchas carencias, como nunca, y todo eso comenzó a mermar la relación de mis papás. Era diciembre cuando decidimos dejar Culiacán, mi hermana y yo habíamos salido de vacaciones y podíamos volver a Rioverde; para nuestro regreso había dos escalas posibles: Guadalajara o Ciudad Lerdo. Para ir a Guadalajara mi papá puso de condición que mi mamá le tenía que pedir prestado dinero a su familia, pero como ya se debía mucho, mi mamá no tenía cara para pedir dinero una vez más, así que nuestro destino fue Ciudad Lerdo.

Mi esposa me cuenta que sus Navidades estaban llenas de regalos, las mías no eran malas, pero siempre me llegaba un solo regalo, no más. La Navidad después de Culiacán fue extraña, ya que Santa Claus (aún creíamos en él) no nos trajo nada; unos días después, nos trajo un juguete roto, un avión con el que había visto jugar a mis primos unos días antes, el juguete estaba casi destartalado, y una grabadora con una televisión minúscula, de no más de diez por diez centímetros, la cual también se las había visto a mis tíos que vivían en Estados Unidos y que estaban de vacaciones en Lerdo. Esa fue nuestra televisión por varios meses, ya que, para costear los pasajes a Culiacán, la única televisión que teníamos en la casa se vendió. Esa diminuta televisión en blanco y negro con grabadora fue nuestro medio de entretenimiento hasta que pudimos comprar nuevamente una televisión a color usada de veinte pulgadas. Para serte sincero, hasta ese momento de mi vida, todas esas carencias, el trabajar, el no tener auto ni televisión y el haber vivido en Culiacán, no me molestaban; era feliz de verdad, no veía la situación —ni la veo— como algo malo, tenía a mi familia junta, no necesitaba ver televisión y las preocupaciones por la falta de dinero aún no las entendía o no eran significativas para mí; lo que hoy te escribo es mi punto de vista como adulto, trato de que entiendas lo que vivieron mis papás, pero hasta ese momento, te puedo decir que la vida de mi hermana y yo, fuera de las carencias económicas, era muy sana en todos los aspectos.

Cuando regresamos a Rioverde fue cuando comencé a ser consciente de los problemas de mis papás, mi papá comenzó a beber más y a actuar diferente, sobre todo con mi mamá. Discutían por todo y a toda hora, las peleas se convirtieron en una constante de nuestro día a día. La falta de dinero seguía siendo un problema, así que la familia de mi mamá salió al rescate; su hermana mayor y el esposo de esta se dedicaban al comercio de ropa y ofrecieron venderle ropa a crédito a mi mamá para que ella, a su vez, la vendiera en Rioverde. El nuevo negocio de mi mamá fue un éxito y comenzó a viajar a la Ciudad de México cada vez más. Hubo reacciones distintas, mi papá parecía ayudar a mi mamá, sin embargo, un día le dijo que él ya la había mantenido por doce años, que ahora le tocaba a ella mantenerlo y que él iba a trabajar cuidándola. Mi papá era un hombre celoso y mi mamá ahora lucía diferente, más libre, más exitosa, con más ánimos y eso contrastaba con el fracaso de mi papá.

Ese año fue el más duro de mi niñez, comenzaron a haber bandos: el bando de mi mamá y el de mi papá. En un principio yo era del bando de mi papá, pero después las cosas empezaron a cambiar entre nosotros y me convertí en su «rehén».

Vuelve cuando te dé la chingada gana

Mi papá se volvió agresivo y, cuando menos, a mí me involucró en sus conflictos con mi mamá lo más que pudo. Recuerdo que cuando yo tenía diez años, mi mamá se había ido a la Ciudad de México por mercancía, había dicho que tardaría dos o tres días, sin embargo, llegó el tercer día y aún no regresaba; era domingo y mi hermana y yo íbamos a ir a una fiesta infantil, pero antes, por la mañana, mi papá me dio instrucciones: «Cuando hable tu mamá, tú contestas y le preguntas cuándo regresa, si te dice que no se va a regresar hoy, le dices que regrese "cuando le dé su chingada gana"». Puedo recordar mi cara de susto, a mis diez años no era como que utilizara palabras soeces y menos en contra de mi mamá; pero la petición de mi papá era muy en serio, y tenía que obedecer.

Mi mamá no llamó por la mañana, tampoco a la hora de la comida, nunca me había sentido tan nervioso, y deseaba con todo mi corazón que no llamara. Llegó la hora de irnos a la fiesta, recuerdo no haberla disfrutado, sabía que regresaría a la casa y que de nuevo iba a estar a la expectativa de la llamada de mi mamá. Regresamos a la casa mi hermana y yo y nos dormimos, sin embargo, unos minutos después, mi papá me despertó y me puso el teléfono en la oreja, ¡él decidió marcarle a mi mamá!, sin embargo, no tuvo el valor de hablar con ella y me puso a mí al teléfono; medio dormido, saludé a mi mamá, le pregunté cómo estaba y, claro, también cuándo regresaba, ella me explicó que el lunes por la noche o el martes —no recuerdo muy bien—, me dijo que les iba a llegar una mercancía nueva de la marca Hang Ten y que quería llevársela a Rioverde para venderla, me despedí y colgué. Claro que no le iba a decir lo que mi papá me había pedido, así que hablé con ella y me despedí lo más rápido posible. Cuando colgué, lo primero que me preguntó mi papá fue por qué no le había dicho a mi mamá lo que él me había pedido; yo alegué estar dormido o no acordarme, intenté volver a dormir para evitar más regaños, pero no pude hacerlo. Como anécdota adicional, mi mamá llegó con una caja enorme de ropa de la marca Hang Ten que se vendió por completo en unos cuantos días.

El deterioro de mi salud

Mi casa se convirtió en un campo de batalla y yo estaba en medio de él. Mi papá me usaba como su principal aliado y mi salud comenzó a deteriorarse; me comenzaron a salir manchas en las rodillas y en los codos, el diagnóstico del doctor fue que estaba «mal de los nervios», ¡y cómo no iba a estar enfermo con todo lo que me pasaba! Te estoy escribiendo cosas que pasaron hace casi treinta años, siempre he tenido muy buena memoria, recuerdo muchas cosas que la mayoría no, pero gran parte de esa etapa de mi vida la bloqueé, solo los eventos muy relevantes quedaron en mi memoria y son los que ahora te escribo.

En esa difícil etapa viajé con mi papá a Ciudad Lerdo y, por primera vez, no quería ir con él. Antes, siempre quería acompañarlo a donde fuera porque era emocionante ir solo con él, era lo mejor que me podía pasar, pero en ese viaje, por primera vez, no me gustaba la idea, era un trayecto de diez horas en autobús, a su lado, y yo no quería estar con él. No sucedió nada de ida y tampoco los primeros días de nuestra estancia allá, en cuanto llegamos a Lerdo, yo huí de él —literal—, me iba todo el día con mis primos y evitaba encontrármelo, nunca estaba tranquilo, vivía con el pendiente de que me diera «su plática» respecto a la situación de la familia y era algo que quería evitar.

No me pude escapar, como alguien que caza a su presa, mi papá salió a buscarme en una camioneta —de alguno de mis tíos, supongo—, y me encontró. Me pidió que me subiera, me dijo que quería hablar conmigo; había llegado el momento que quise evitar todos esos días. Comenzó diciendo que nos quería mucho a todos, y no lo dudo, pero había cambiado, él culpaba a la familia de mi mamá de querernos separar y me pedía estar de su lado, me pedía estar en contra de los viajes de mi mamá a la Ciudad de México y de su idea de separarse, ya comenzaba a llegar a esos extremos su relación, me pedía que si mi mamá me preguntaba con quién me quería quedar, dijera que me quería quedar con él, para obligarla a no irse, o a regresar. Yo no sabía que, para ese entonces, mi mamá ya le había pedido que se separaran, y la condición que le puso mi papá fue que tanto Rocío, mi hermana, como yo estuviéramos de acuerdo en irnos con ella; mi hermana estaba con mi mamá, yo estaba condicionado por mi papá; si mis papás se llegaban a separar, la culpa sería mía.

Mi mamá intenta suicidarse

Anteriormente en este capítulo te describí a mi mamá como la persona fuerte de mi casa, la que regañaba, gritaba, daba permisos y tenía siempre la última palabra, al menos con mi hermana y conmigo. Después, ella nos rescató de la quiebra total, sin embargo, todo eso trajo consecuencias, en mi casa ya había pleito por todo. Un día olvidé hacer unos prismas en cartulina, mi mamá corrió a comprarla y le pidió a mi papá que hicieran las figuras entre los dos, cuando salí de la escuela por los prismas para entregarlos, mi papá no dejaba de quejarse, decía que eso no era un trabajo para él, que no tenía por qué hacer eso; pero la realidad es que, en ese entonces, él no hacía nada. Tan mal estaban las cosas, que yo había olvidado hacer una tarea y mi mamá no reparó en ello, siempre preguntaba en la salida a otras mamás, o a mi maestra, qué había de tarea.

Recuerdo otra escena en la que mi papá abrió la maleta de mi mamá antes de que ella viajara a la Ciudad de México, y sacó toda la ropa que él consideraba no apropiada para ella; mi mamá había rejuvenecido con el trabajo, ahora ganaba dinero y se vestía mejor, cosa que a él no le parecía.

Mi hermana era quien más sufría todo lo que acontecía en mi casa, ella casi no salía, así que tenía que soportar todas las discusiones de nuestros papás; yo, en cuanto acababa la tarea me iba hasta que terminaba mi hora de permiso.

La cuadra antes de llegar a mi casa en Rioverde era una delta, siempre tomaba el camino de mi derecha, el camino directo a mi casa, donde cientos de veces encontré con gusto a mi papá, pero ahora las cosas eran diferentes, ahora no me lo quería encontrar, así que comencé a volver a mi casa por el camino de la izquierda, rodeando la cuadra, así, por lo menos lo evitaba en un tramo; mi papá pareció darse cuenta de lo que estaba haciendo, así que un día me buscó por el otro camino, mi cara fue de enorme susto, así estaban las cosas de tensas, para ese entonces, yo evitaba a toda costa encontrarme con mi papá a solas.

Cada día pasaban situaciones que superaban a las anteriores, un día en que la discusión llegó al extremo de que mi mamá pidiera separarse de nuevo, ella nos expuso sus argumentos a mi hermana y a mí, de nuevo en nosotros recaía la decisión de su divorcio, después, mi papá quiso su derecho de réplica, mi mamá no quiso estar presente, sus diálogos eran con nosotros, no entre ellos, así que decidió salir y regresar a la casa después. Mi papá no la dejó, nos gritó violentamente y dijo que nadie iba a salir de la casa, echó llave, nos encerró.

Llegó el día en el que dejé de sentir, vivía como dormido, estar en mi casa era un suplicio que solamente podía soportar ausentándome, saliendo de mi cabeza para no oír y no sentir, para escaparme de la realidad. Pasaba todo el tiempo que pudiera fuera, con mis amigos, en donde fuera, con tal de no estar en mi casa;

sin embargo, al momento de regresar, no me podía escapar de ninguna manera. Mi casa era muy pequeña: sala, comedor, dos recámaras y un baño, por lo que no se podía escapar fácilmente, todos estábamos muy juntos.

Un día mi hermana y yo fuimos a otra fiesta infantil, curiosamente ninguno de nuestros papás nos acompañó, nos dejaron solos en la fiesta. En la noche pasó mi papá por nosotros y nos dijo que mi mamá había intentado suicidarse. Para ese momento, yo ya no sentía nada, estaba como anestesiado, ya nada me sorprendía, lo oía hablar, explicar que «él la quería mucho» y que por eso «la había salvado», que si no la quisiera, la hubiera dejado morir, que él llamó al doctor y que la hizo vomitar para que no muriera; yo no lo escuchaba realmente, mi mente estaba en su lugar seguro, donde no sentía.

Mi mamá había tomado un frasco de pastillas para quedarse dormida, supongo que, al igual que todos, ya no aguantaba más. No lloré, no le reclamé a ninguno de los dos, solo me quedé callado. Cuando vi a mi mamá no le dije nada, no le pregunté por qué lo hizo, por qué no pensó en mi hermana y en mí, no la abracé, solo nada, absolutamente nada; había llegado a mi límite, pero parecía que aún faltaba más.

No recuerdo cuándo exactamente, pero tiempo después le pregunté a mi mamá acerca de su intento de suicidio y su respuesta no me gustó, me dijo que no se iba a suicidar, sino que ella ya no aguantaba más y que tomó algunas pastillas, pero no tantas como para matarse, fue algo así como «quería presionar a tu papá, darle un susto». ¿Por qué no me gustó su respuesta? Porque con eso no se juega y menos cuando tienes hijos que ven todo lo que sucede, sea real o una estrategia de presión. Aunque la entendí, porque ya no se podía más con mi papá.

Cuando terminé de escribir este capítulo, tenía que pedir la autorización de mi mamá para publicarlo y cuando terminó de leerlo me visitó en mi casa y me dijo que tenía su autorización, pero agregó algo más, me dijo que quería contarme lo que realmente pasó el día que intentó suicidarse.

—Cuando me preguntaste —me contó mi mamá—, te dije que no había sido en serio, que solo lo había hecho para asustar a tu papá, porque no quería decir más cosas malas de él y decirte eso era más sencillo. Aquel día se habían ido ustedes a la fiesta, tu papá y yo estábamos discutiendo —continuó mi mamá—, las cosas subieron de tono, tu papá comenzó a ponerse más agresivo y me encerró en el cuarto, no me dejaba salir, después me dijo que iba a ir por ustedes a la fiesta y que se los iba a llevar y no me iba a decir a dónde, que no los iba a volver a ver y que me iba a volver loca sin ustedes. Yo no sabía qué hacer y me tomé un frasco de pastillas, no pocas, ni para asustarlo, de verdad intenté suicidarme, él nunca llamó a un doctor, pero sí me dio leche y me hizo devolver el estómago.

Casualmente las fechas en las que estoy escribiendo estas líneas coinciden con las fechas en las que el intento de suicidio de mi mamá aconteció, recordé que el cumpleaños al que asistimos fue el de mi amigo Carlos, que cumple años el 8 de septiembre, analizando las fechas creo que fue la gota que derramó el vaso, ya que mis papás se separaron antes del 15 de septiembre.

Quise que se separaran mis papás

Alguna vez leí que el sueño de todo hijo con padres divorciados es que alguna vez sus papás vuelvan a estar juntos. Ese no era mi caso, ni lo fue después, no era algo que le dijese a alguien, pero creo que mi hermana, mi mamá y yo ya no queríamos estar con mi papá; sin embargo, yo no lo podía decir, mi papá, de cierta forma, me manipulaba y chantajeaba para que mi postura fuera la de quedarme con él. Parecía que la familia de mi mamá cada vez la apoyaba más para tomar esa decisión, así que mi papá me prohibió que los llamara (recuerda que en esa época no existían los *mails*, WhatsApp o celulares); mi mamá le tenía miedo a mi papá y era algo que compartíamos, yo también le tenía miedo.

Un día, mi papá salió por la mañana, entonces, mi mamá nos llamó a mi hermana y a mí a la sala y nos dijo que iba a llamar a su familia, estaba sentada en el suelo, tenía cara de asustada y me pedía, casi rogando, que no se lo dijera a mi papá. Yo era el único que la podía traicionar y supongo que no sabía qué podría llegar a hacer yo, por ello su ruego de no decirle nada a mi papá. Fue la primera vez que fui consciente de qué tan asustada estaba mi mamá, de cuánto miedo tenía, al igual que yo, coincidíamos en estar atrapados, en querer pedir ayuda y no poder. Al menos, ella tenía a su familia, yo no tenía a nadie, yo no le podía decir a nadie todo lo que me pasaba, todo lo que mi papá me decía y el peso que llevaba al ser el que, aparentemente, tenía la decisión final sobre el matrimonio de mis papás. También fui consciente de que para mi mamá yo era del bando contrario y tenía que negociar conmigo también, sin embargo, yo estaba de su lado, simplemente no se lo podía decir.

Sé que muchos de los que me están leyendo han tenido experiencias peores que las mías y no soy el único que ha vivido situaciones como esta. Sin ir más lejos, a la vuelta de mi casa sucedían cosas peores, ahí vive un matrimonio —porque siguen casados—, un profesionista y una empresaria de la localidad con una situación económica privilegiada y varios hijos; a él le gustaba tomar, también era mujeriego y, a diferencia de mi papá, golpeaba a su mujer y a sus hijos, incluso, un día me contaron que estando su esposa embarazada, sacó su pistola y se la puso en el vientre, mientras, el bebé no dejaba de moverse; sorprendentemente, ese matrimonio sigue unido. Cuando llegamos a Culiacán nos contaron la historia de un conocido de mis papás, se decía que había matado a su esposa, después había estado un tiempo en la cárcel, pero por su dinero e influencias había logrado salir; esta persona era sumamente violenta, golpeaba a sus hijos con una fuerza desmedida y no dudaba en hacerlo en público, yo lo vi hacerlo, un día le pidió a su hijo adolescente, que había realizado deficientemente algo que le había pedido, que se quitara la camisa y con una vara le azotó la espalda, y no, no estaba tomado, porque, además, se presumía muy religioso. Años después, cuando ya trabajaba, regresé a Culiacán y me enteré de que uno de sus hijos había matado también a su esposa y que ahora estaba en la cárcel. ¿Qué habrá pasado en aquella casa?, ¿en su crecimiento y desarrollo al lado de un padre desequilibrado?

¿Cuántas historias peores que la mía existen donde los patrones se repiten en la siguiente generación? Por eso escribo este libro, para ser conscientes del daño que pudimos haber sufrido o que estamos causando a nuestra pareja, a nuestros hijos y a nosotros mismos con un mal matrimonio o un divorcio.

El día que todo terminó

En septiembre de 1989 todo terminó, tenía una semana de haber entrado a sexto de primaria y era domingo, las cosas no parecían cambiar, sin embargo, ese día, temprano, mi papá me buscó para hablar conmigo; resulta que mi abuela y mis tíos se dirigían hacia Rioverde, iban a convencer a mi mamá para que dejara a mi papá y querían platicar con él para que entrara en razón, convencerlo de que era mejor una separación, así que mi papá me dijo que si se iban mi mamá y mi hermana, yo dijera que no me quería ir, que me quería quedar con él, y que de esa forma, vería cómo en unas semanas mi mamá regresaría y que si no, él personalmente me llevaría a donde ella estuviera. Mi mamá también había tomado ya su decisión: ella se iría conmigo o sin mí, pero ese día se iría. Llegaron mi abuela y mis tíos y, por supuesto, yo corrí de mi casa, me fui con mis amigos a disfrutar de mi último día en Rioverde, algo presentía y así se los hice saber, les dije que creía que mis papás se iban a separar, anduve en bicicleta por la ciudad, compré un elote en la plaza y regresé a mi casa ya por la tarde. Llegué a Rioverde con tan solo dos años y ahora tenía once, había crecido en la misma casa, en el mismo colegio, casi con los mismos compañeros desde que entré al kínder a los tres años, conocía sus casas, a sus hermanos, a sus papás y, la verdad, quería seguir creciendo con ellos, sin embargo, después de ese día, no volvería a Rioverde por los siguientes veinte años.

Cuando llegué a mi casa, todo parecía muy tranquilo, todos muy de buenas, mi tío se acercó a hablar conmigo, mi hermana se sentó en sus piernas, comenzó a decirme que mis papás se iban a separar por unos días, me contó que sus papás también se habían separado y que todo era para mejorar, que mis papás necesitaban pensar, relajarse y que en unos días tal vez estaríamos de regreso, me dijo que nos íbamos a ir con ellos; yo volteé a ver a mi papá inmediatamente, él estaba ahí presente y yo no podía decir que me iba a ir con ellos, yo tenía instrucciones de decir que me quería quedar, sin embargo, cuando encontré su mirada, él asintió con la cabeza, me dio a entender que me podía ir.

Me dieron la instrucción de que empacara lo que pudiera, no podía llevarme todo lo que tenía, solo lo más indispensable, entonces, en un cubrecamas eché lo que en ese momento era lo más preciado para mí, una colección de latas, mi patineta y no recuerdo qué más; nos subimos al carro y nos pusimos en camino a la Ciudad de México. No recuerdo absolutamente nada del camino. Yo sentía que me habían rescatado, me sentía libre, con un peso menos encima, en Rioverde se quedaba mi papá, mi perro Tomás —un cocker spaniel, blanco con manchas cafés y sumamente inteligente—, dejaba mi casa, mi escuela, mis amigos… Pero, en ese momento, valía la pena salir de ahí. Llegamos a la Ciudad de México por la noche, se acercaban las fiestas patrias, mis tíos vivían a unas cuadras del Zócalo y todas las calles estaban adornadas con luces alusivas a la Independencia. Llegamos a vivir a casa de mis tíos, un departamento, no sabía qué iba a pasar, todo era incierto, no sabía si íbamos a regresar con mi papá o si nos quedaríamos en la Ciudad de México, no sabía absolutamente nada, aún faltaban años muy difíciles por pasar, simplemente se cerraba un ciclo.

El domingo en el que se separaron mis papás pasaron muchas cosas en mi vida, pero hubo una que marcó un antes y un después; a pesar de que el último año había sido muy difícil, yo creía que los divorcios y los problemas familiares eran ajenos a mí, pues a pesar de estar viviendo uno, todo ese tiempo había estado en la negación. Ese día, por primera vez, fui consciente de que me estaba sucediendo a mí, que mi vida no era perfecta como creía, que no éramos una familia feliz y que, probablemente, nunca volveríamos a serlo, me di cuenta de que yo no había hecho nada malo para merecer esto y que, sin embargo, estaba pasando. Ese domingo, el día en el que se separaron mis papás, dejé de creer en muchas cosas: en la vida perfecta, en mi vida feliz, en la religión católica y en Dios.

¿Qué pasó con mi papá los siguientes días? No lo sé. Antes de divorciarse, cuando nos íbamos a dormir mi papá nos daba la bendición a mi hermana y a mí, cuando nos despedimos de él, me pidió que todos los días me persignara a las 8:00 p. m. y que él me estaría mandando su bendición desde donde se encontrara, así lo hice durante varios meses. Nunca he dudado de que mi papá nos quisiera, simplemente no supo manejar muchas situaciones que se salieron de control y reaccionó de manera violenta, agresiva, supongo que para él debió ser devastador el vernos partir, él nunca quiso separarse y mucho menos divorciarse. Quiero creer que fue duro quedarse solo en nuestra casa de toda la vida, sin su esposa y sin sus hijos. No sé cuántos días se quedó en Rioverde. ¿Cuánto tiempo nos habrá esperado, antes de empacar todo y regresarse a Lerdo? No recuerdo si mi mamá regresó días después para traer más cosas o si nunca más regresó, no sé en qué momento mi papá se dio cuenta de que no regresaríamos más, pero finalmente empacó nuestras pertenencias y las suyas y junto con Tomás, nuestro perro, regresó a su ciudad natal con su familia.

Mi tía Cecilia, cuñada de mi papá, me contó muchos años después que cuando mi papá llegó a Lerdo no hablaba, que iba a su casa, se sentaba en el antecomedor que tenía en la cocina y se quedaba horas sin hablar, como ido, supongo que estaba en una gran depresión. ¿Habrá sido consciente de todo lo que sucedió? ¿Qué le dolía más, su orgullo por haber sido abandonado o de verdad nos extrañaba y se arrepentía de todo lo que nos había hecho? La verdad nunca lo supe, nunca me pidió perdón por nada, todo lo contrario, los siguientes tres años fueron igual de difíciles y mi relación con él se volvió cada vez más alejada. Quiero creer que le dolió perdernos, lastimarnos y no poder sacarnos de esta crisis familiar, quiero creer que nos quería pedir perdón, pero que no sabía cómo, una carta, una llamada, una plática... pero, hasta el día de su muerte, el 23 de septiembre de 2015, esa disculpa nunca llegó.

Dicen que los animales sienten nuestra tristeza, nuestro dolor. Nuestro perro, Tomás, se había ido con mi papá a Lerdo y dicen que lo seguía a todos lados, pero que estaba deprimido también, se la pasaba acostado a su lado y, a pesar de ser un perro joven, murió pronto; todos dicen que murió de tristeza a los pocos meses de habernos ido y haberlo dejado con mi papá.

No sé si unos días, uno o dos meses después de nuestra partida, mi papá decidió regresar con su familia, con mi abuela, que aún vivía en Lerdo, a casi mil kilómetros de donde nosotros nos encontrábamos. Mi papá no tenía trabajo, no tenía dinero y ya no tenía a su familia a su lado, debieron ser días muy difíciles.

Por otro lado, nosotros estábamos en la Ciudad de México con mis tíos, viviendo en un departamento que, aunque grande, habitábamos más de ocho personas. Yo compartía cuarto con mi primo, mi mamá y mi hermana con mi prima, por lo que ahí era más apretada la cosa, mi prima dormía en una cama matrimonial y mi mamá y mi hermana, en el suelo, mis tíos, en su propio cuarto y, además, en la sala dormía personal de servicio doméstico, que eran dos mujeres generalmente. Cuando mis primos se iban a la escuela y mis tíos a trabajar, nos quedábamos los tres sin nada qué hacer, creo que mi mamá no sabía muy bien cuál era el siguiente paso, no estaba trabajando, nosotros no íbamos a la escuela, no creo que supiera si iba a decidir regresar o quedarse ahí. Así fueron pasando los días y supongo que algunos meses, hasta que decidieron meternos en un club deportivo a mi hermana y a mí, para que no estuviéramos todo el día sin hacer nada.

Poco a poco mi mamá, por iniciativa propia o influenciada por su familia, volvería a trabajar con sus familiares, como representante de marcas de ropa. Sin embargo, antes de que las cosas quedaran con rumbo claro, hubo un par de acontecimientos más, uno de los cuales también marcaría mucho mi vida. Parece que mi papá hizo un par de visitas a la Ciudad de México, pero mi hermana y yo no nos enterábamos porque nos sacaban todo el día con mis primos, con el pretexto de dar un paseo en el parque, acompañados de personal doméstico, y cuando las cosas se calmaban, regresábamos al departamento. Ya no me enteré qué pudieron haber negociado mis papás en aquellas visitas o qué sucedió, pero hubo otras en las que sí vimos a mi papá. En alguna de estas, incluso se comportó como padre divorciado de fin de semana y nos llevó a Reino Aventura —hoy Six Flags—, claro, con la respectiva plática en alguna parte del día, pero también hubo una mala visita.

Para ese entonces, mi papá ya me decía a mí —no sé si a mi mamá y a mi hermana también— que se iba a suicidar, que la vida sin nosotros no valía la pena, entonces, claro que yo me sentía el niño más malo del mundo, pues yo había sido el último en dar mi aprobación para que mis papás se divorciaran, yo me sentía culpable por su separación. Antes de venir a visitarnos, mi papá me habló por teléfono y me dijo que lo buscara en el cielo. En esos momentos de mi vida, esa frase me hizo pensar inmediatamente en su suicidio y creo que lo hizo un poco para torturarme; él iba a llegar a la Ciudad de México en avión y cuando dijo que lo buscara en el cielo, se refería a que buscara el avión en que llegaba, pero ¿verdad que no queda claro?

Ese día mi papá lo iba a pasar con mi hermana y conmigo y escogió la Basílica de Guadalupe como uno de nuestros destinos, yo ya había comenzado con mis dudas, con mi rebeldía y mi rechazo hacia la Iglesia, pero nunca había estado ahí, llegamos en taxi y estuvimos rezando ahí en la iglesia, mi papá nos pidió pedir por nuestra familia, nos dijo que él iba a pedirle a la Virgen el milagro de que volviéramos a estar juntos. Hasta ahí, todo iba bien, pero de regreso en el taxi, algo cambió en él, le dio como un arranque de ira —como te comenté antes, él nunca nos golpeó, pero si nos torturaba psicológicamente— y comenzó a decirnos a mi hermana y a mí que todo se había acabado por mi culpa, por culpa de mi mamá y su familia, que a mi mamá solo le interesaba el dinero y que se iba a ir a trabajar a una mina, para ganar mucho dinero para nosotros, mi hermana y yo llorábamos, mi papá hizo todo un drama, sacó de su cartera una credencial con su fotografía y me la dio, me dijo que era para que lo recordara porque no lo iba a ver en mucho tiempo.

Hoy entiendo que era un chantaje, pero en ese tiempo no. Puedo imaginar la cara del taxista al ir oyendo toda esa escena familiar, no recuerdo qué más nos dijo mi papá, solo recuerdo que se iba a trabajar a una mina y que no lo veríamos en muchos años hasta que tuviera mucho dinero. Desde entonces no he regresado a la Basílica de Guadalupe, ese lugar quedó sumamente anclado a ese mal día y recuerdo.

Mis nervios comenzaron a empeorar, mi papá amenazaba con raptarnos a mi hermana y a mí; el saber que mi papá podía ir a visitarnos, lejos de darme gusto, me ponía sumamente nervioso. Cuando era día de visita sabía que iba a ser un día malo, en el que lloraría y me enojaría, cuando él estaba ahí con nosotros, quería que se fuera lo más rápido posible. Durante los siguientes diez años mi papá siempre buscaría platicar con mi mamá, ¿para qué? Para reclamarle por su divorcio, por todo lo que él creía que ella había hecho mal y que, supuestamente, ahora hacía mal con nosotros y con su vida. Claro que mi mamá lo evitaba, y más divorciada, aunque la verdad, nunca se salvaba, pero mi papá encontró un nuevo contrincante con quien desquitarse y descargar su ira: yo. Y no es que yo quisiera pelear con él, todo lo contrario, pero al no estar mi mamá, su nueva figura de descarga fui yo, a mí me reclamaba todo lo que quería reclamarle a mi mamá, conmigo se quejaba de todo, me ofendía a mí como quería ofenderla a ella y, claro, yo la defendía y me defendía, lo cual era peor, porque lejos de parar y ver el posible daño que me estaba causando, él agarraba fuerza, yo lloraba y me enojaba, algunas veces hasta terminé vomitando bilis, tristemente era nuestra nueva relación.

El departamento de mis tíos, y posteriormente el nuestro a un costado del de ellos, estaba en un séptimo piso, me gustaba bañarme en la tina, el baño principal contaba con tina, y encender mi grabadora mientras me bañaba —ya era adicto a la música, mi banda preferida era Bon Jovi—. Cuando me bañaba, mis nervios llegaban a tal grado que creía escuchar a mi papá; siempre que él llegaba a nuestra casa, chiflaba, cada uno tenía su propia melodía, usaba siempre su chiflido para llamarnos: tenía uno para llamar a mi mamá, uno para mi hermana, otro para mí y uno que usaba para llamar a toda la familia cuando llegaba a la casa. Cuando era chico y oía su chiflido, corría a encontrarlo, era un chiflido que me ponía feliz, saber que mi papá estaba en casa era lo máximo para mí. Pero ahora las cosas eran distintas, mientras me bañaba oyendo música, oía su chiflido, también lo oía cuando estaba en mi recámara o en la sala, desarrollé una especie de paranoia, entonces, bajaba el volumen de mi grabadora para comprobar si había escuchado bien y, si lo volvía a escuchar, me ponía tenso, algunas veces hasta temblaba, y más si mi mamá no se encontraba en casa, contaba el tiempo en que se tardaría en subir hasta el séptimo piso, el tiempo en que tocaría la puerta y, después, nada sucedía; entonces, me relajaba y volvía a hacer lo que estaba haciendo, pero unos minutos después lo volvía a oír y el ciclo se repetía, así estaba de asustado. No recuerdo cuánto tiempo duré así, pero no recuerdo haber tenido la misma paranoia en la ciudad de Guadalajara, a donde nos mudamos dos años después.

Con el paso de los meses hubo que tomar decisiones, mi mamá tenía que trabajar ya en forma para mantenernos a mi hermana y a mí, y nosotros teníamos que regresar a la escuela, no podíamos seguir así y perder el año escolar, así que comenzaron a buscarnos colegio, el discurso seguía siendo más o menos el mismo, «no sabemos qué vaya a pasar aún, pero mientras sus papás deciden qué van a hacer, es mejor que vayan a la escuela», decían mis tíos. El ciclo escolar ya estaba avanzado, así que en muchas escuelas nos querían regresar un año o, de plano, no aceptarnos; la escuela que nos aceptó fue una muy pequeña, en la colonia Santa María la Ribera, el Instituto Isabel Grasseteau.

A pesar de solamente concluir sexto de primaria en esa escuela, hace poco me buscaron mis excompañeros (ahora sé de ellos a través de un grupo de WhatsApp). Para mí fue toda una aventura estar en esa escuela, primero, era sumamente antipático, mis papás recién se habían separado, no la pasaba nada bien, me había cambiado de ciudad, de amigos, de escuela… la verdad es que los «odiaba» a todos. Hubo algo insignificante que realmente me impresionó y lo recuerdo perfecto hasta el día de hoy: la escuela era tan chica que jugábamos futbol con un bote de frutsi relleno de papel; en Rioverde siempre había espacio para jugar futbol en el recreo y en el colegio no faltaba lugar donde cada grado pudiera organizar su cascarita con balón de futbol, en la Ciudad de México no. La escuela era tan pequeña que un balón podía golpear a muchos en su trayecto, así que estaba prohibido, la opción era un bote de frutsi.

Perdí a mi papá y también a mi mamá

La relación con mi papá ya era mala y, además, creo que al ver que las cosas no mejoraban con mi mamá, puso aún más distancia. A mi papá nunca le desagradó la idea de vivir en Estados Unidos, y alguna vez medio lo propuso, cuando estaba aún casado con mi mamá, sin embargo, él no tenía visa, ni siquiera pasaporte mexicano para tramitarla, ya que no hizo el servicio militar de joven. De habernos ido, hubiéramos tenido que irnos de indocumentados; creo que cuando vio que en lo inmediato no iba a regresar con mi mamá, decidió irse a Estados Unidos de indocumentado a trabajar y también a estudiar, según nos contó, a Dodge City, en Kansas, ciudad que describía como un pueblo del Oeste, de vaqueros. Yo tenía sentimientos encontrados, por un lado, no quería que estuviera lejos, era mi papá y extrañaba a mi viejo papá, esperaba que algún día regresara; pero, por otro lado, el saber que no iba a verme mi nuevo papá me tranquilizaba. Creo que estuvo allá aproximadamente seis meses o un poco más; nos escribía y nos llamaba, sin embargo, yo rara vez leía sus cartas, no quería, y cuando hablábamos por teléfono era rápido, en ese entonces, las llamadas a larga distancia costaban mucho.

Mi mamá comenzó a trabajar como representante de ventas, la empresa de mis tíos tenía rutas de trabajo, clientes que visitar en Guadalajara, en todas las ciudades del Pacífico, en el norte, también hacia Puebla y Veracruz. Mi mamá necesitaba ganar dinero, mi papá no tenía, pero tampoco tenía la intención de ayudar a mi mamá en la manutención de mi hermana y yo, solía decirnos que, si nos íbamos con él, nos mantendría, pero que si no, no lo iba a hacer. A mi mamá no la iban a mantener mis tíos toda la vida, así que, tarde o temprano, tendría que valerse por sí misma, y mi papá no la creía capaz de hacerlo; antes de separarse, antes de que mi mamá comenzara a vender ropa, mi papá le decía que ella no servía para nada y que dependía completamente de él. El no darle dinero para nuestra manutención era una forma de ponerla en una situación difícil para que volviera, sin embargo, mi mamá tenía dos cosas en claro para ese entonces: no le iba a pedir un solo peso, ya que no quería nada de él, y tampoco iba a volver con él.

Mi mamá quería ganar dinero lo más rápido posible y la opción eran los viajes, era lo más pesado del trabajo, todos querían lo más cómodo, lo fácil, que era vender en la Ciudad de México o cerca de esta. Mi mamá decidió aprender a vender y atender a los clientes de otras ciudades, aquellos a los que muchos rechazaban; ella podía pasar hasta un mes fuera de la casa, o más; mi hermana y yo perdimos a nuestro papá, pero también perdimos a nuestra mamá. Hasta antes de la separación de mis papás, mi mamá siempre estuvo ahí para levantarnos, hacernos de desayunar, llevarnos al colegio y recogernos a la salida; a pesar de ser Rioverde una ciudad muy pequeña en la que fácilmente podíamos regresar caminando, ella quería estar al pendiente de nosotros, también preparaba la comida y nos ayudaba a hacer la tarea. Después de que se separaron, mi mamá primero comenzó a faltar a comer algunos días, después semanas completas y hasta meses; ya nunca volvió a ser lo mismo. Por eso para mí es muy importante hoy en día comer con mi familia, estar todos sentados en la mesa, porque durante muchos años cada quien comía a la hora que podía y solo.

Los arrimados

Cuando terminé sexto de primaria, nos cambiaron nuevamente de escuela, nos inscribieron en la escuela de mis primos, el Colegio Williams Campus Mixcoac, iba a ser más fácil la logística para todos, y más porque mi mamá estaba viajando constantemente y mis tíos se hacían cargo de nosotros cuando ella no estaba. Cuando mis papás se separaron, mi mamá creyó haber resuelto al menos en parte uno de los tantos problemas que tenía. Ya que había decidido no volver con mi papá y comenzar a tramitar su divorcio, el primer destino que ella tenía en mente para comenzar de nuevo era Guadalajara, donde vivía mi abuela, sin embargo, mis tíos, los que la apoyaron con el divorcio, la convencieron de no irse para allá, la justificación fue que mi abuela ya era mayor y que, al trabajar mi mamá todo el día, mi hermana y yo seguramente iríamos a parar con mi abuela y nos convertiríamos en una carga para ella. Dieron en una palabra clave para mi mamá: «carga»; ella lo que menos quería era molestar a otras personas, ni siquiera a su mamá.

Vivir en casa de otras personas es sumamente difícil. Si te vas a divorciar y piensas irte a casa de algún familiar o amigo que te esté apoyando, no lo hagas; si ya estás viviendo con algún familiar, vete lo más rápido posible, se puede convertir en una pesadilla para ambas familias, y así fue con nosotros. Hay muchos detalles que no me corresponde contar a mí, situaciones que pasaron que cambiaron vidas para mal. Te contaré solamente lo que a mí me tocó vivir, que creo que, de los tres integrantes de mi familia —mi mamá, mi hermana y yo—, yo fui el mejor librado en esa época, fui el que menos daño sufrió.

Nosotros tres llegamos a México con muchos problemas, para mi hermana y para mí, nuestros papás se acababan de separar, nos cambiamos de ciudad, de escuela, perdimos a nuestro papá y comenzábamos a perder a nuestra mamá y para sumar a todo aquello, estábamos a punto de entrar en la adolescencia. Mis tíos y sus hijos también eran una familia disfuncional con muchos problemas entre ellos y también muchos problemas personales. Al principio, nosotros éramos una distracción, algo que quitaba su atención de los problemas que ya tenían, era mejor hablar de nosotros y entretenerse tratando de ayudarnos, en vez de seguir afrontando su realidad. No obstante, tarde o temprano nos convertimos en una molestia, al grado de que en la misma escuela a la que íbamos, cuando menos mi prima comenzó a referirse a mí y a mi familia como «los arrimados que vivíamos en su casa».

En muy poco tiempo se puede hacer mucho daño y destruir, todavía más, vidas frágiles ya lastimadas. Para mi tía, yo era un salvaje en todos los aspectos, no merecía comer en su mesa, ya que según ella no sabía comportarme, así que la mayoría de las veces comía en la cocina y, además, tenía que usar el baño de servicio; incluso alguna vez me negó comida, siendo que mi mamá le había dejado pagados todos nuestros gastos antes de irse de viaje —por cierto, al trabajar mi mamá en la empresa de mis tíos, por cada peso que ella ganaba, ellos ganaban tres, además, mi mamá llegó a ser la mejor vendedora de tal empresa por más de una década—. Mi hermana fue quien más sufrió, pero no me corresponde escribir su vida en este libro, lo que a mí me sucedió no fue nada comparado con todo lo que ella vivió; mi tía parecía ensañarse con ella, la hacía llorar, todos los días la humillaba, la confrontaba hasta el punto en el que ya no aguantó más y comenzó a rebelarse, sin embargo, eso solamente provocó que le fuera peor, al fin y al cabo, mi hermana solo tenía nueve años, ¿qué podía hacer?

Mi hermana estaba sola —Rocío, te pido una disculpa por haberte abandonado—, luchábamos por mantenernos a salvo, pero no en equipo, sino por separado. La cabeza de mi mamá estaba ocupada en sacarnos adelante y nos convertimos en presas fáciles para personas enfermas, solamente así los puedo llamar. Por eso, mi más grande recomendación es: al divorciarse, la solución jamás debe ser irse a vivir con alguien más, a menos que sean tus papás, y solamente por un tiempo, busca ser independiente lo más rápido posible. Mi mamá así lo hizo, ella no solo tenía que sacarnos adelante y enfrentar el trámite de divorcio, sino que también veía cómo mi hermana y yo sufríamos todo tipo de abusos —algunos se los contábamos, otros, simplemente no podíamos, y creo que jamás podremos—, así que la solución más fácil fue rentar el departamento de al lado, mi mamá no sabía a qué grado estábamos corriendo peligro con la familia de su hermana, para ella solamente eran diferencias en la convivencia diaria y en la educación, pero nada que no pudiera solucionarse saliéndonos de la casa de mis tíos, sin embargo, las cosas eran mucho más graves.

Un adulto de doce años

Tenía doce años cuando entré a primero de secundaria y nos cambiamos al departamento de al lado de la casa de mis tíos, yo también era en parte el nuevo responsable de mi casa, no sé si me lo pidieron o si yo decidí tomar ese rol. El departamento no tenía nada, puesto que no teníamos nada, ni dinero para comprar más que un refrigerador; mi mamá y mi hermana dormían en una recámara, en un sofá cama y yo, en otra recámara, en una cama prestada, teníamos una mesa en la cocina y una televisión que completaba todo nuestro mobiliario, pero al menos era nuestra casa.

Mi mamá comenzó a viajar más, solo podíamos ir a comer a casa de mis tíos cuando ella estaba de viaje, desayunábamos y cenábamos en nuestro departamento, yo era el encargado de preparar los alimentos, mi hermana estaba muy chica —o así la veía mi mamá— como para acercarse a la estufa. Mis responsabilidades siguieron aumentando con el tiempo, ya en Guadalajara, yo me encargaba de hacer el mandado, cocinar, hacer los pagos de los servicios, llevar a mi hermana a la escuela y administrar el dinero cuando mi mamá se encontraba de viaje; todo eso pudo haber sido una tarea muy sencilla, sin embargo, esas responsabilidades las tuve desde los trece años con un factor extra: mi hermana fue una adolescente extremadamente rebelde. Llegando a la adolescencia, su furia contra la vida fue desmedida, tuve que hacerme responsable de ella y cuidarla en lo posible, pero con un pequeño inconveniente: yo no era su papá ni su mamá. Yo era su hermano, su par. Mi mamá me dejaba la autoridad sin yo poderla ejercer, y todo eso hizo de aquellos años unos muy difíciles, ahora entiendo mucho mejor a mi hermana, ¿cómo no querer escapar del mundo y rebelarse contra él después de todo lo que vivió? En mi caso, las situaciones vividas repercutirían más adelante en mi salud.

El divorcio de mis papás

Sin decirnos nada, mi mamá tomó la decisión de divorciarse. Ya estábamos instalados en la Ciudad de México y ella tenía toda la intención de no volver jamás con mi papá. A finales de los ochenta y principios de los noventa, el divorcio era diferente al de ahora, para solicitarlo debía existir una causal, hoy en día, como dije en la introducción, simple y sencillamente se puede solicitar con que una de las partes lo requiera, y la causa puede ser simplemente que ya no se quiera seguir en el matrimonio.

En 1990 debía existir una causa que justificara querer divorciarse, mi mamá no quería perder la custodia ni compartir la patria potestad con mi papá, así que puso una demanda de divorcio contra él por maltrato y alcoholismo, entre otras cosas, como causales. No es que mi papá no bebiera, sí lo hacía, pero no al grado de considerarlo un alcohólico, además, nunca nos golpeó, no sé si por asesoría de su abogado o de su familia, pero así puso la demanda mi mamá. Yo me enteré por mi papá, a él le dolió mucho saber de lo que se le había acusado, le parecía injusto y le daba mucha tristeza que mi mamá ahora lo viera de esa manera; sí nos había hecho mucho daño, pero él creía que, ante la ley, mi mamá lo había puesto como el hombre más malo sobre el planeta. Alguna vez cuestioné a mi mamá por esto, ella me explicó que así tenía que ser para que le dieran la patria potestad y la custodia de mi hermana y yo. Desconozco si mi papá dio batalla en los juzgados o si fue un proceso rápido y fácil, o si duró años, lo que sé es que el divorcio llegó con todo a favor de mi mamá.

Cuando nos divorciamos, para nuestras parejas, los hombres pasamos a ser las personas más malas sobre la tierra (también a la inversa), encarnamos todos los defectos que un ser humano pueda tener y, al menos, en el caso de mi papá, así fue. Sin embargo, después del daño que nos hizo y que nos causó, le dolió mucho haber sido acusado de golpeador y alcohólico, a ninguno nos gusta que nos levanten falsos y menos cuando lo hace la persona con la que compartiste los últimos doce años de tu vida, y repito, jamás nos golpeó a ninguno y la violencia de que se le acusaba también era en contra de mi hermana y yo, que, aunque a su manera, éramos lo que más quería en su vida.

Mi mamá también cedió en algunas cosas con tal de que mi papá le diera el divorcio, ella nunca le exigió pensión alimenticia y mi papá tampoco se preocupó por dárnosla; aunque la sentencia de divorcio lo obligaba a cumplir con una pensión, mi mamá jamás le volvió a pedir dinero, ella nos sacó adelante desde ese momento. En cuanto al tema del dinero, no es que mi papá se desentendiera por completo, claro que de vez en cuando nos mandaba dinero a mi hermana y a mí, dinero para comprar ropa, o discos, pero nunca fue constante o una cantidad significativa o fija, nunca colaboró para los gastos de nuestras escuelas, para la renta de la casa o para comprar comida, el darnos dinero era algo esporádico y solo era para nosotros, sus hijos, rara vez para mi mamá. Los siguientes años, después de su divorcio, nuestra situación económica fue ajustada, así que en muchas ocasiones ese dinero que me daba mi papá terminaba yo dándoselo a mi mamá.

Así comenzó una nueva etapa, mis papás ya se encontraban divorciados, pero no por eso dejaron de pelear, mi papá, en cada ocasión que nos visitaba, buscaba confrontar a mi mamá y, nuevamente, mi hermana y yo quedábamos en medio de ellos. ¿Cuándo pusimos un alto? Creo que fue cuando mi hermana y yo teníamos ya más de quince años y entonces fuimos nosotros quienes lo confrontamos y le exigimos que ya no más.

El distanciamiento de mi papá

Uno de mis más grandes reclamos hacia mi papá fue por su distanciamiento, mi mamá fue la que se divorció de él, no mi hermana y yo. Él no tenía trabajo, así que bien pudo haberse establecido en Guadalajara cuando llegamos a vivir aquí en 1991, cerca de nosotros, y no en Ciudad Lerdo, a una distancia de más de ocho horas de viaje. Lo veíamos cuando decidía venir a vernos, pero podían pasar hasta seis meses sin que viniera, yo no fui a visitarlo hasta después de haber cumplido quince años, y realmente lo pasaba mal cada vez que lo veía y no quería extender el mal momento estando con él allá. Ya estando yo en la preparatoria, mis viajes a Lerdo eran para ver a mis primos, divertirme con ellos durante el verano, más que para pasar tiempo con mi papá; aun así, en muchos de esos viajes sufrí por sus reclamos y en muchos otros, al regresar a Guadalajara, juraba que jamás regresaría.

La Navidad que pasé solo

Ya estando en la preparatoria, así como durante la universidad, tanto mi hermana como yo viajábamos más frecuentemente a Lerdo, nuestra principal razón seguía siendo ver a nuestros primos, y siempre tratábamos de pasar, al menos alguno de nosotros, Navidad y Año Nuevo con mi papá, así sucedió un año en el que no recuerdo si tenía dieciocho o diecinueve años. Generalmente, se hacía una gran cena en casa de mi abuela, sin embargo, ese año en especial todos los que vivían en su casa iban a pasar Navidad en otro lado, yo pude haberme ido también, pues invitaciones no me faltaban, sin embargo, mi papá me dijo que iba a ir a ver un rato a su pareja —en ese entonces tenía novia, pero nunca me la presentó— y que después regresaba por mí a casa de mi abuela para ir a cenar juntos. Mi papá nunca llegó, lo esperé hasta cerca de la medianoche y, entonces, me fui a casa de unos primos a pasar el resto de la noche con ellos, decidí que jamás regresaría a pasar las fiestas decembrinas con él, esa fue la última Navidad.

Nueva vida en Guadalajara

Cuando nos cambiamos a Guadalajara, lejos de la vigilancia y la supuesta protección de la familia de mi mamá, la primera exigencia de mi papá, que mantuvo por más de una década, fue quedarse a dormir en nuestra nueva casa (un departamento diminuto de dos recámaras, por cierto). ¿Por qué? Su pretexto era que en lugar de gastar dinero en un hotel, bien se lo podía dar a mi mamá; pero la realidad era otra. Ya viviendo en Guadalajara, en algún momento de los primeros años, y después de muchos pleitos con mi mamá y por petición de mi hermana y yo, ella accedió a que mi papá se quedara a dormir con nosotros, se quedaría en mi cuarto, aunque la verdad era que me incomodaba que se quedara en la casa, los pleitos por su exigencia de quedarse con nosotros eran tan extenuantes que terminamos aceptando. Mi papá llegó, se instaló en mi cuarto, traía una maleta más grande de lo normal, no como para pasar un fin de semana, cuando le pregunté cuántos días pensaba quedarse, me dijo que no lo sabía exactamente, que por tiempo indefinido, es decir, su intención era no salirse de nuestra casa, lo que provocó que rápidamente fuera despedido por mi mamá y que jamás fuera invitado nuevamente a dormir en nuestra casa, aunque por muchos años lo siguió exigiendo.

Amenazas de secuestro

Las peleas entre mis papás fueron intensas los siguientes cuatro años después de que se divorciaron… Corrijo, las peleas entre mis papás, mi hermana y yo fueron intensas, ya que siempre estuvimos todos involucrados. Una de las molestias más grandes para mi papá era la cuestión de que mi mamá viajaba y podía pasar varias semanas fuera de casa, dejándonos solos a mi hermana y a mí; mi abuela materna vivía a la vuelta de la casa, la escuela quedaba cruzando el parque que estaba a media cuadra de la casa, pero aun así, siendo yo un niño de trece años y mi hermana una niña de once, nos quedábamos solos por semanas. Mi papá no aportaba absolutamente nada en lo económico, sin embargo, sí le reclamaba a mi mamá por sus ausencias, así que un día, estando ella de viaje, nos llamó para decirnos que iba a ir por nosotros a Guadalajara y que nos llevaría a vivir con él a Lerdo, como mi hermana y yo no nos queríamos ir con él, sería a la fuerza, «secuestrándonos».

Cuando yo tenía trece años, le tenía pavor a mi papá y claro que lo creía capaz de cumplir esa amenaza, rápidamente otra tía fue por nosotros para llevarnos a su casa (para ese entonces toda la familia de mi mamá vivía ya en Guadalajara), ahí estuvimos dos días encerrados, sin ir a la escuela, sin salir del departamento, esperando a que mi mamá regresara, mi papá sabía dónde vivía la mayoría de las hermanas de mi mamá, así que podía ir a buscarnos ahí en cualquier momento, por lo que fueron días muy tensos y con mucho miedo, pero mi papá nunca llegó.

Lo de amenazarnos con llevarnos con él por la fuerza lo hizo varias veces, pero fue perdiendo credibilidad cada vez, y conforme fuimos creciendo y sintiéndonos más fuertes frente a él, el miedo causado por la sola amenaza y sus palabras disminuyó hasta que dejamos de tomarlo en serio; sin embargo, aquella primera vez la experiencia fue muy traumática para mi hermana y para mí.

Ver a mi papá: sinónimo de peleas

Con mi papá no la pasaba nada bien, nunca nos llevó de vacaciones, nunca se preocupó por hacernos pasar un buen momento, por aceptar su divorcio y asumir el papel de un padre divorciado; durante varios años llegó a reclamar su derecho de regresar a la casa para vivir con nosotros, siempre con un nuevo alegato, con un nuevo argumento, incluso, desde sus creencias religiosas, con base en las cuales él no estaba divorciado, ya que, según nos decía, el único matrimonio válido para él, era el de la Iglesia y, entonces, ante Dios, él seguía siendo el esposo de mi mamá.

Sus visitas terminaban en llanto por parte de mi hermana y yo, también en enojo, a tal grado que alguna vez lo corrí de la casa, en una ocasión él estaba tan enojado que volteó y me dijo que lo golpeara si quería, y de verdad tenía ganas de hacerlo, tenía trece años y todo lo que él había hecho en los últimos cuatro años había sido destruir mi paz y tranquilidad, pero no lo hice, no podía levantarle la mano a mi papá, pero me había retado, había visto mi enojo y, al ver que no pude enfrentármele, para él pasé a ser un afeminado, muchas veces me dijo que parecía homosexual, que eso me pasaba por vivir con puras mujeres, me etiquetó de inútil y delicado porque no me gustaban los trabajos manuales como la mecánica, la plomería o la albañilería, como a algunos de mis primos, y, por último, me etiquetó de insensible, me decía que yo no tenía sentimientos o corazón, «como tu mamá», decía, que era frío y calculador, así me decía cuando comencé a ignorarlo, cuando dejé de seguir su juego.

¿Cómo es un buen divorcio?

La realidad es que todos los divorcios son difíciles. Yo no quería un papá de fin de semana, que solamente me llevara de vacaciones, me comprara cosas, me llevara a comer y me regresara con mi mamá, y que no se involucrara en mi vida para nada, sin embargo, hubiera preferido a ese papá en lugar del papá que tuve, ese agresivo que nunca aceptó su divorcio.

Mi papá se perdió de muchos momentos importantes en mi vida, su comportamiento hizo que siempre tuviéramos que elegir entre él y mi mamá. Se perdió mi graduación de la preparatoria y también mi graduación de la universidad, en la que yo di el discurso en el acto académico. Invitar a mi papá, hacer que se sentara en la misma mesa que el resto de mi familia o hacer que siquiera estuvieran en el mismo lugar, considerando que mi papá ya tomaba de más habitualmente, eran cosas que me estresaban mucho y esos días quería pasármela bien, así que lo mejor era no invitarlo.

Sin embargo, llegó el día en el que no podía dejar a mi papá sin invitación: mi boda. No solamente lo invité a él, invité a varios de mis tíos y primos, sin embargo, por la distancia o por otros motivos, nadie lo acompañó. Cuando mi papá nos visitaba tenía la costumbre de que lo atendiéramos, es decir, hacernos cargo de él, y en la medida en la que podíamos, mi hermana y yo lo complacíamos, pero en aquella ocasión yo estaba ocupado con la boda y mi papá le exigió a mi hermana que pasara por él y debido a un malentendido, hubo una confusión entre ellos que provocó que mi mamá, mi hermana y él llegaran casi hasta el final de la ceremonia; la solución a ese conflicto hubiera sido que él tomara un taxi, pero le exigió a mi hermana de manera determinante que pasara por él para no llegar solo. Una vez ya en la fiesta, su lugar estaba en la mesa de mi mamá y su familia, ellos eran las únicas personas a las que conocía, y la realidad era que desde hacía tiempo tanto la familia de mi mamá como mi mamá eran políticamente correctos con él, pero no importó, él decidió no sentarse con ellos, tomó su silla, su plato, sus cubiertos y su copa, claro, y se fue a sentar a la mesa principal, la mesa de los novios, una mesa para dos al centro del evento que acabó con una silla por un lado, donde el papá del novio decidió sentarse a cenar.

Ser hijo de padres divorciados fue difícil para mí, nadie dijo que había alguna forma fácil de sobrepasar un divorcio, no me dieron un manual o un libro para sobrellevarlo, tampoco teníamos dinero para terapias, fui utilizado como aliado por mi papá y como su condición para otorgarle el divorcio a mi mamá, fui hijo rehén al estar forzosamente de su lado, fui maltratado psicológicamente, fui abandonado por mi papá y por mi mamá de maneras distintas, fui el mensajero para llevarle recados a mi mamá de parte de mi papá, pero también de parte de mi mamá para mi papá, cuando se divorciaron me convertí en el aliado de mi mamá, en su apoyo, en su amigo y también en el hombre responsable de la casa, algo que tampoco me tocaba. Mi hermana y yo estuvimos en medio de las batallas de nuestros papás por muchos años, me salieron manchas en la piel, me enfermé de los nervios hasta llegar al punto de tener ataques de pánico cuando tenía veinte años, sufrí alguna especie de locura al creer oír a mi papá cuando en realidad estaba a cientos de kilómetros y, por algunos años, sentí una enorme culpa por creer que yo había sido el causante del divorcio de mis papás.

Para mí, la solución a todos estos problemas hubiera sido que ellos hubieran vuelto a ser felices por separado, que hubieran encontrado una nueva pareja con la cual reconstruir su vida. Aunque mi mamá jamás buscó otra pareja —a los pocos hombres que se acercaron jamás les dio ni la más mínima esperanza—, hasta el día de hoy dice que vive feliz sola. Con los años, mi papá tuvo varias parejas, pero nunca nos las presentaba, él se mantenía permanentemente en su discurso de papá y esposo injustamente exiliado pidiendo regresar. Con una de sus parejas llegó a casarse después de años de noviazgo, pero no nos avisó, no nos invitó a la boda y no es que no tuviéramos contacto con él, siempre lo tuvimos, pero él sentía que nosotros nos íbamos a molestar cuando, por lo menos en mi caso, hubiera sido todo lo contrario. Los últimos diez años de la vida de mi papá, él cambió completamente, fue perdiendo fuerza, carácter, se fue encerrando en sí mismo, casi no hablaba, también de su segunda esposa se separó y se divorció, tristemente, solamente para morir un par de años después, casi por voluntad propia. En su sepelio conocí a su segunda esposa, a quien saludé amablemente y me dio gusto conocer.

Después de haber vivido todo esto, lo último que quería al crecer era parecerme a mi papá, ni como esposo ni como padre, los años después del divorcio de mis papás borraron o pesaron más que mis primeros diez años, en los que tuve un papá increíble.

Yo crecí, me casé y formé mi propia familia, nadie se casa pensando que en unos años se va a divorciar, sin embargo, después de casi siete años de casado y con dos hijos, ahora me tocaría divorciarme a mí, finalmente estaba en los zapatos de mi papá, pero incluso como padre divorciado traté de no parecerme en lo más mínimo a él.

Padre divorciado

Conforme fui creciendo, había algo de lo que estaba seguro respecto a mi futuro: cuando me casara, yo no me iba a divorciar.

Me casé un año después de terminar la universidad, en el 2002 llegó nuestro primer hijo, tiempo después, el segundo. Comenzamos a construir nuestra casa y en el verano del 2008 nos mudamos a ella, teníamos ya seis años de casados. Recuerdo un día haber estado sentado en el porche de la casa, pensando en que ya tenía dos hijos, una casa, una familia, y que solamente me quedaba envejecer y ver a mis hijos crecer. En ese entonces tenía treinta años, y mi vida cambiaría por completo en los siguientes meses.

¿Tenía problemas de pareja que me indicaran que se avecinaba un divorcio? No, o tal vez no los quería ver. Nuestro matrimonio pasaba por un aletargamiento, eso sí, se había vuelto rutinario; yo tenía la idea porque lo había leído en alguna parte, en un libro, pero no recuerdo ni el título ni el autor (tal vez fue en *Amarse con los ojos abiertos* de Jorge Bucay). Ese libro hablaba sobre el matrimonio, decía que había años buenos y años malos, que la vida era muy larga y que así como hay días buenos y días malos, también los hay años; entonces, yo creía simplemente que era un mal año y que ya vendrían tiempos mejores. El mal año se debía a un distanciamiento que yo veía, tal vez, como natural, creía que simplemente necesitábamos nuestro espacio, nosotros no teníamos esas peleas épicas que habían tenido mis papás, en realidad casi no peleábamos, como que cada quien estaba en su mundo.

¿Por qué me divorcié? Bueno, ese no es el tema de este libro. Como parte de una pareja fallida, asumo la responsabilidad del cincuenta por ciento de la culpa o de las causas por las que el divorcio se dio, pero no fue así de fácil, me costó trabajo aceptar mi parte de culpa, tuve que trabajar en ello con ayuda profesional; sin embargo, este libro trata acerca de cómo me sentí y cómo logré salir adelante con mi vida, habla del proceso de separación y del divorcio.

¿Qué pienso de mi exmujer? Que alguna vez la elegí por muchas cualidades que vi en ella, adecuadas para ser mi pareja, y que es la madre de mis hijos. En esta vida todos cambiamos, no somos siempre los mismos, o, te pregunto, ¿tú piensas igual que hace cinco años?, ¿tienes las mismas ideas?, ¿tienes la misma percepción de la vida? Ahora ve diez años atrás, verás que tus pensamientos y tu interpretación de las cosas han cambiado por completo. Entonces, ¿por qué en un matrimonio queremos que nuestra pareja nunca cambie y sea siempre la misma persona que conocimos años, o décadas, atrás? Lamentablemente, la edad nos cambió a mi ex y a mí, y las nuevas personas en las que nos convertimos no pudieron compaginarse para seguir adelante con nuestro matrimonio. Hoy en día, la reconozco como la mamá de mis primeros dos hijos, compartimos a dos de las personas más importantes en nuestras vidas, y eso, de cierta manera, nos une para toda la vida.

¿Cómo es mi relación con mi expareja? Al principio fue muy difícil, porque cuando nos separamos entonces sí comenzaron las peleas; teníamos que ajustarnos a nuestra nueva vida, estábamos enojados, teníamos muchas cosas que reclamarnos, culparnos el uno al otro por nuestro fracaso como pareja, teníamos que ponernos de acuerdo en otras cosas y todo eso llevó a grandes peleas y discusiones. En otras ocasiones las cosas fueron tranquilas, hubo meses en los que nos hablábamos lo mínimo, solamente para lo necesario, para ponernos de acuerdo en cosas respecto a nuestros hijos. El día de hoy, después de ocho años de divorciados, hemos llegado a estar en una relativa paz y tranquilidad, podemos ponernos de acuerdo fácilmente en muchas cuestiones, tener conversaciones civilizadas acerca de nuestros hijos, incluso, hasta compartir espacios juntos, como en las graduaciones de primaria de ambos niños; pero costó mucho trabajo y se tuvo que poner mucho de ambos lados, pasaron varios años para poder llegar a este punto, pero teníamos un objetivo en común: el bienestar de nuestros hijos.

¿Mi expareja y yo somos las mismas personas que nos divorciamos hace ocho años? No, ninguno de los dos. Ambos pasamos por muchos procesos y ahora somos, una vez más, dos personas totalmente diferentes, dos personas mucho más maduras y que se llevan mucho mejor.

Algunas veces me he preguntado si mi ex y yo nos seguiríamos viendo si no tuviéramos hijos y, la verdad, creo que no. Creo que nos hubiéramos evitado por muchos años y, tal vez, después de sanar las heridas, si nos hubiéramos encontrado en algún lugar, hubiéramos podido platicar para ponernos al día, pero no creo que nos convirtiéramos en amigos cercanos, cada quien hubiera seguido su camino, creo que eso pasa con la mayoría de las parejas divorciadas que no tuvieron hijos; es muy difícil que algo los mantenga unidos, por algo eligieron ya no seguir juntos, y cuando se separan, lo hacen por completo, pero en el caso de los matrimonios que tuvimos hijos, la relación jamás se rompe totalmente.

Cuando dos celebridades se divorcian, en sus entrevistas para los programas de espectáculos (chismes) siempre narran su divorcio como si fuera un cuento de hadas, dicen cosas como: «yo la quiero mucho», «nos queremos mucho los dos», «somos grandes amigos», «nos hablamos todo el tiempo», «simplemente nuestras vidas tenían rumbos diferentes y decidimos separarnos amistosamente, pero seguimos teniendo una gran relación y yo la admiro mucho»... Eso no existe. El divorcio es una experiencia terrible para todos los implicados, encierra momentos muy difíciles de sobrellevar y la verdad es que, a pesar de haber rehecho mi vida exitosamente y ser muy feliz, la experiencia de pasar por un divorcio no se la recomiendo a nadie, ni como hijo ni como parte de un matrimonio.

El día en que me fui de mi casa

Como dije anteriormente, no es que mi exesposa y yo lleváramos años peleando y aguantándonos, pero sí teníamos algunos meses difíciles, habíamos tenido una serie de diferencias que hacían que cualquier conflicto terminara en pelea; sin embargo, llegó una discusión que terminó con todo.

Hoy, a ocho años de eso, hay algo que nunca he podido borrar de mi cabeza. Cuando anuncié que me iba de la casa, en medio de la discusión entre ella y yo, mis dos hijos estaban presentes; el mayor reaccionó inmediatamente diciendo que se iba conmigo… pero el menor rompió en llanto, no un llanto común y corriente, sino un llanto desgarrador, mi hijo tenía cuatro años, fue un grito como el que darías si te avisaran de la muerte inesperada de alguien que quieres mucho, mi hijo estaba solo, con un juguete, sentado en un sillón de la sala de televisión, y lo vi muy solo, muy desprotegido, dándose cuenta de una dura realidad, él entendió lo que estaba pasando, habíamos roto su corazón. La verdad es que no sé si ya sanó esa herida, y durante mucho tiempo me hizo sentir muy culpable. Hijo, te pido perdón con todo mi corazón por ese mal momento, por ese momento tan desagradable de tu vida.

¿A dónde me fui a vivir? Fue algo impulsivo, nunca me había ido de la casa, y no era algo que hubiera estado planeando, había empacado unas cuantas cosas, tal vez esperando a que me detuvieran, pero eso no sucedió, así que terminé por irme de mi casa. Aunque nos habíamos peleado antes (pues teníamos seis años de casados), nunca había terminado con un «me voy de la casa». En mi mente tenía dos pensamientos, el primero era el deseo de que me llamara y se arreglaran las cosas, el segundo era que tal vez no fuera tan malo que se hubiera terminado, a fin de cuentas, estaba muy enojado. Llegué a casa de mi mamá, como hizo mi papá cuando se divorció, la diferencia es que mi mamá vivía a menos de dos kilómetros de mi casa y, además, venía conmigo mi hijo mayor.

La primera dificultad con la que me encontré fue el explicarle a mi mamá qué hacía ahí, una cosa era pelearme con mi esposa y después contentarme, sin ser del dominio público, y otra muy diferente era llegar a casa de mi madre con maleta en mano y tener que decirle que había dejado mi casa; las cosas se iban poniendo serias. Como la mayoría de los hombres, no soy mucho de contarles mis problemas a otras personas, por lo que mi mamá no tenía idea de que tuviéramos problemas mi ex y yo, al grado de haber llegado al punto de dejar mi casa, así que para ella fue toda una sorpresa verme ahí. Lo segundo más difícil fue el contarle todo lo sucedido en los últimos meses; cualquiera hubiera pensado que nuestro matrimonio iba bien, económicamente estábamos creciendo, recién terminábamos de construir nuestra casa, éramos un matrimonio joven con dos hijos todavía pequeños, sin embargo, estábamos temporalmente terminando nuestra relación.

Mis hijos deben estar juntos

En el capítulo anterior escribí que, si a mis diez años se hubieran divorciado mis papás, yo me hubiera ido sin pensarlo con mi papá. El hecho de que mi hijo mayor se fuera conmigo me recordó mucho aquella época de mi vida, pero él no tenía diez años, tenía seis, sin embargo, supongo que me veía como yo veía a mi papá en ese entonces. Aunque no sabía en ese momento en qué iba a terminar todo, yo no iba a separar a mis hijos; unos días después, mi ahora exesposa me sugirió que nos tomáramos unos días, que los necesitábamos, me dijo que nuestro hijo mayor podía pasar unos días conmigo y que después lo regresara a la casa, yo estuve de acuerdo, mis niños tenían que estar juntos.

Claro que quería tener a mis hijos conmigo, pero no podía separarlos, ni convertir el divorcio en una lucha por la custodia, aún eran pequeños y los dos necesitaban a su mamá, y si algo tenía muy claro era que yo no los iba a dejar como lo había hecho mi papá con mi hermana y conmigo. Es difícil explicarle a un niño de seis años, que te acaba de demostrar que está contigo sobre todas las cosas, por qué tiene que volver a su casa, con su mamá y su hermano, a quienes decidió dejar para irse contigo; fue muy doloroso dejarlo ir y quedarme solo, sí: solo. Tal vez pienses, «¿pero que no te fuiste a vivir con tu mamá?», así fue, pero yo me encerré, me encerré en mi cuarto y simplemente no quería hablar, no quería salir, no quería saber nada de nada, no quería platicar con nadie, no tenía ganas de contarle lo sucedido a nadie, me encerré en un cuarto solo.

Era como si mi vida se pusiera en pausa desde el momento en el que mis hijos dejaban de estar conmigo y se reactivara cuando los volvía a ver. Ahí fue cuando recibí el duro golpe de la realidad, cuando pasó la tormenta de «la gran pelea», cuando unos días después tuve que volver a mi casa a dejar a mi hijo, regresar a casa de mi mamá y estar en mi habitación completamente solo, sin la compañía de mi pareja, sin el ruido de mis hijos, sabiendo que no los iba a ver en la cena o en la mañana para desayunar, que no les podía gritar para que vinieran y me dieran un beso o abrazarlos, regañarlos o que vinieran a buscarme para jugar algo, lo que se les ocurriera. No. Mi vida estaba en ese momento en pausa, hasta que me tocara verlos de nuevo.

El vivir en casa de mi mamá, cerca de ellos, me dio una gran ventaja, estaba a dos minutos de su casa y podía realizar actividades que me permitieran verlos todos los días. Mi hijo mayor ya estaba en primaria, el segundo, en kínder, por lo que tenían horarios diferentes de entrada a la escuela, yo pasaba todos los días por el mayor para llevarlo a su colegio, aprovechaba para saludar a mi otro niño y comenzaba el día con uno de ellos, aunque fuera solamente durante veinte minutos, que era lo que duraba el trayecto a su escuela. Poco a poco nos fuimos acomodando, con mucho desorden, en una rutina. Para ellos yo siempre estaba disponible, a toda hora y el día que fuera, dejaba de trabajar si era necesario, así que, muchos días del primer año después de que me fui, llegaban a pasar conmigo hasta cinco días de la semana seguidos, me hablaban y me decían: «Pá, ¿podemos ir a dormir contigo?», y esa visita se podía extender por días enteros; tenía la capacidad de cuidarlos y atenderlos perfectamente, llevarlos a la escuela, recogerlos, darles de comer (en eso me ayudaba mi mamá), bañarlos y dormirlos; por mucho tiempo dormimos los tres en la misma cama, tenía una cama matrimonial en mi cuarto, en casa de mi mamá, dormíamos uno encima de otro, se atravesaban y no los podía sacar de ahí, a pesar de que tenían otro cuarto para ellos, o colchones inflables en mi cuarto por si querían pasar la noche ahí, simplemente querían estar pegados a mí.

Los primeros meses no la pasaba nada bien, no dormía, o más bien, tenía un desorden tremendo para dormir, me daba sueño muy temprano, algunas veces a las 7:00 u 8:00 de la noche ya no podía mantener los ojos abiertos, caía en un sueño muy profundo, pero a las 2:00 o 3:00 de la mañana me despertaba y ya no me podía volver a dormir, esas horas eran las más difíciles, mi cabeza no dejaba de pensar en todo lo que había ocurrido, repasaba una y otra vez lo acontecido, claro que también explotaba en ira, me enojaba y sentía energía en todo mi cuerpo pensando en cuánto, desde mi punto de vista, me habían dañado. No sé cuántos meses duré así, no sé cuándo volví a dormir bien, no sé cuándo se me fue también el enojo, pero fueron días muy difíciles y horas interminables tratando de conciliar el sueño.

¿Qué fue lo que más me dolió de separarme?

Lo que más me dolió de la separación fue no estar todo el día con mis hijos. Esta respuesta es simple, la realidad es que así como existe el instinto materno, existe también el instinto paterno, yo pasaba mucho tiempo con mis hijos, desde que nacieron cooperé en todas las tareas para sus cuidados, les daba de comer, los dormía, les cambiaba el pañal, estuve en todas sus vacunas, en sus citas con el pediatra, en su primer día de escuela... Debo reconocer que no tenía la paciencia que tenía mi papá conmigo para jugar toda la tarde algún deporte, pero ahí estaba siempre con ellos, ahora era muy difícil saber que no iba amanecer con ellos y que no iban a ir a mi cuarto a meterse a mi cama, que no iba a desayunar, comer y cenar con ellos, que no los iba a llevar a la escuela y preguntarles por la tarde cómo les había ido. Me dolía que ahora todo iba a ser dividido, «tus días y mis días», aunque pasaban muchos días conmigo no había aún un acuerdo, era como si me los prestaran y sentía que en cualquier momento podía terminar y que nuestra relación iba a cambiar para siempre. También sabía que como parte de esos cambios ya no los tendría todas las Navidades o Años Nuevos, que tendría que negociar para ver a quién le tocaba pasar con ellos los días de sus cumpleaños, incluso las vacaciones, parte de ellas estarían conmigo y parte de ellas con su mamá, de ahora en adelante todo sería dividido.

¿Así se habrá sentido mi papá cuando se separó? Si así fue, lo comprendo, porque yo también lo viví y fue muy duro, pero por eso mismo, no entiendo por qué él se alejó tanto de mi hermana y de mí. Yo no me iba a alejar de mis hijos como él lo hizo, iba luchar por estar con ellos el mayor tiempo posible.

Como anécdota, te cuento que tengo varios años sin pasar mi cumpleaños con mis hijos. Mi cumpleaños es en julio y cuando estaba casado con mi ex siempre vacacionábamos fuera de la ciudad en ese mes, en una casa que tiene su familia, y cuando nos divorciamos ellos continuaron yendo, así que desde hace varios años mis hijos me piden permiso para regresar hasta el final del verano y que no les corte las vacaciones allá, sé que la pasan bien, sé que no lo hacen con el propósito de no estar conmigo el día de mi cumpleaños, pero me duele no tenerlos a mi lado en esa fecha.

Me volví una persona violenta

Tristemente, me convertí en una persona violenta, y me voy a disculpar, sobre todo con mis hijos, quienes fueron los que sufrieron las consecuencias. Hoy tengo estudios sobre inteligencia emocional y sé que los sentimientos que vivimos a diario afectan todas las áreas de nuestras vidas y así me pasó. En mi trabajo era sumamente improductivo, me ponía frente a la computadora sin hacer nada por horas, entraba a las redes sociales esperando encontrar a alguien con quien platicar —de mi situación, claro— y victimizarme, buscaba quien me dijera «¡Qué injusto!», «¡Qué mala onda!», que se compadecieran de mí y así reforzar mi posición de mártir, casi no salía a ver a mis clientes, descuidé mi negocio por completo.

La relación con mis amigos también era difícil, tenía que contarles qué había pasado y me costaba trabajo reconocer que había fracasado (en las redes sociales era diferente, yo sabía a quién contarle y qué respuesta iba a obtener); mis amigos conocían a mi expareja, habían estado en nuestra boda, algunos eran nuestros compadres y ahora había que explicarles lo que estaba pasando. Toda esta situación me llevaba a emociones extremas, sobre todo el enojo, explotaba muy fácil y violentamente, podía explotar en el tránsito cuando iba en el carro, podía buscar pleito en algún juego de futbol de los sábados y también mis pequeños hijos fueron blanco de mi frustración y enojo cuando se portaban mal (eran niños, lo iban a hacer naturalmente) y al no saber yo cómo manejar mi situación.

Quiero aclararte que la violencia hacia mis hijos fueron nalgadas o, en el peor de los casos, cinturonazos, dados cuando se portaban mal, pero sé que en otras circunstancias no hubiera explotado tan fácilmente y hubiera tenido más paciencia antes de llegar a golpearlos, fue una época de muchas nalgadas y algunas veces, injustas. Hoy me duele recordarlo, por lo que les pido perdón a mis hijos si algún mal recuerdo dejé en ellos.

Tenía que hacer algo para remediar mi vida, para remediar el cómo me sentía, tenía que comenzar a pensar en mí, tenía que pensar en mejorar, tenía que trabajar para salir adelante, y lo primero que hice fue… correr.

Entrenando para correr

Tiempo después, tal cual, comencé a correr. Y correr hizo que comenzara a dejar algunas cosas atrás, que pusiera algunas cosas en orden, claro que no fue lo único que hice, pero digamos que fue la primera acción que hice para salir de donde estaba.

Algunos meses antes de divorciarme, tal vez un año antes, recuerdo que estuve en una tienda departamental con mi exesposa y mis hijos, ahí me encontré con una exnovia, iba a acercarme a saludarla cuando me di cuenta de mi aspecto: tenía sobrepeso, traía una playera polo que se veía mal por mi panza media salida, un pantalón algunas tallas más grandes que se me veía flojo, traía la barba descuidada… la verdad es que me veía mal y preferí no saludar. Me había descuidado mucho, tenía menos de treinta años y había envejecido por voluntad propia, supongo que eso también lo veía mi exesposa y no debió ser de su agrado. Cuando me separé tenía el pretexto ideal para dos cosas, la primera, dejarme caer, engordar más, comerme un bote de nieve todos los días viendo televisión, lamentándome de mi situación, o comenzar hacer ejercicio, comenzar a cuidarme más y verme mejor.

Unos meses después de separado llegó a mi cabeza la siguiente pregunta: «Adrián, ¿quién te va a querer como pareja? Tienes más de treinta años, dos hijos, y físicamente estas descuidado, te la pasas hablando de lo triste que te sientes y causando lástima por tu situación, así nadie va a querer salir contigo, así a nadie le vas a gustar», y a la primera persona que no le estaba gustando era a mí mismo, tenía que comenzar a sentirme mejor y una alternativa era ponerme en forma.

Nunca dejé de leer. Muchos libros que llegaron a mis manos en esa época fueron regalos, como *Consejos para padres divorciados* y *Todo pasa… y esto también pasará*, escritos por mi amiga Martha Alicia Chávez, y muchos otros libros más; en todos ellos recomendaban el ejercicio para superar la depresión. Yo jugaba futbol, pero solamente una vez a la semana, y al no tener condición física, después del juego no podía moverme el resto del fin de semana, así que decidí comenzar a correr. Me puse una meta: correr una carrera de diez kilómetros. Comencé corriendo dos kilómetros y cuando lo logré se me hizo una gran proeza; después corrí una carrera de cinco kilómetros (la Carrera del Lobo en mi universidad, el ITESO), unos meses después el reto mayor llegó, la carrera Imagen 2010, de diez kilómetros.

Correr no solo implica un ejercicio físico, sino también un gran esfuerzo mental, estás solo contigo mismo, así que aunque traigas música que crees que te distrae, tu cabeza comienza a dialogar contigo, y yo necesitaba dialogar conmigo, necesitaba poner muchas cosas en orden, trabajar con mi nueva vida, comenzar a tener disciplina y aceptar mi nueva situación, así que después de dejar a mi hijo en la escuela, llegaba a correr al parque de Los Colomos, en Guadalajara.

Comencé a bajar de peso, comencé a sentirme un poco mejor y llegó el día de la carrera, tenía poco más de un año de separado y unos cuantos meses de divorciado, para mí no era una simple carrera, era un reto que me había puesto, era demostrarle al mundo que estaba de nuevo en pie, que podía con nuevas metas, que podía tener nuevos objetivos y cumplirlos, mi tiempo en esa carrera fue de cincuenta y cuatro minutos, cuando crucé la meta tenía muchas ganas de llorar, lo había logrado, algo que un año antes hubiera sido inimaginable… ahora lo estaba consiguiendo. Terminar la carrera tenía muchos significados en mi vida, si estás pasando por una situación similar te recomiendo correr, te recomiendo inscribirte en una carrera de diez kilómetros, te va a ayudar mucho, como me ayudo a mí, y no fue la única, durante los siguientes años correría muchas otras carreras más, algunas con más grado de dificultad.

Una de mis mejores amigas de la universidad, poco tiempo después que yo, también se divorció, sin embargo, ella no tenía hijos, varias veces nos reunimos, ella me pedía consejos para salir adelante y uno de ellos fue correr, y lo hizo. Sin embargo, ella fue más allá, no tenía el hábito de correr y la verdad no sé si hacía mucho ejercicio, tal vez iba al gimnasio, pero se puso de meta correr un maratón, y lo hizo, corrió el maratón de Berlín y después me comentó que correr le ayudó mucho en el proceso de salir adelante. Años después, mi amiga rehízo su vida, se volvió a casar y espero que sea muy feliz.

La firma del divorcio

Después de dejar la casa, a las pocas semanas me pidieron la llave y la tarjeta para la pluma de acceso al coto, unas semanas después llegué y todas mis cosas estaban empacadas en bolsas negras, mi ex me dijo: «Ya no vamos a volver, así que ya llévate todas tus cosas». Unos meses después de separado me pidió el divorcio, fue bastante rápido, no fue un proceso complicado, mi ex me llevó la demanda de divorcio y yo le pedí a una amiga abogada que me ayudara con el trámite. La realidad es que no le pedí a mi ex que lo pensara o que lo volviéramos a intentar, y tampoco ella me lo pidió, así que terminar con nuestro matrimonio y quedar libres era el siguiente paso.

Bienes mancomunados

Cuando mi ex y yo decidimos casarnos, queríamos tomar el control de nuestras vidas, éramos muy jóvenes y su familia era muy entrometida en la vida de todos los que la componían, siempre con buenas intenciones, pero, a fin de cuentas, controladora y entrometida, nosotros queríamos hacer las cosas diferentes.

A los dos nos gustaba mucho el futbol y nuestra boda civil fue temática, todos tenían que ir con playera de algún equipo de futbol, y en esa boda tan peculiar decidimos casarnos por bienes mancomunados, nadie en su familia dijo absolutamente nada, no emitieron comentario alguno al respecto. Sin embargo, después de unos meses de casados, su papá llegó con unos papeles que me pedía firmar para cambiar el régimen de nuestro matrimonio a bienes separados. Fue una de las muchas intromisiones en nuestras decisiones, si les molestaba que nos casáramos por bienes mancomunados, lo hubieran dicho antes de nuestra boda y lo hubiéramos platicado y arreglado, no unos meses después, para mí era como decirnos «algún día se van a divorciar y no queremos problemas». Y sus buenos deseos se cumplieron, un día nos divorciamos y los bienes no fueron problema, además de que yo no quería tomar o quedarme con absolutamente nada.

Cuando mis papás se divorciaron nos quedamos sin nada, y así estuvimos por varios años, en el capítulo pasado te conté cómo solo nos llevamos unas cuantas pertenencias y dejamos nuestra casa en Rioverde. Mi papá jamás dio una pensión alimenticia, jamás pagó una renta, jamás pagó una colegiatura, jamás nos compró un auto para que mi mamá nos pudiera trasportar, de hecho, durante casi tres años no tuvimos automóvil. Así que yo no iba hacer lo mismo, la casa sería de mis hijos y de su mamá, junto con todos los muebles, y también les dejé la camioneta que ya habíamos terminado de pagar y yo me llevé la que aún debíamos.

El proceso de divorcio consistió en tres audiencias, la primera fue en la que ambos manifestamos querernos divorciar. Cuando una pareja solicita el divorcio, el juez o ministerio público está obligado a preguntarles si en verdad se quieren divorciar y a tratar de hacerlos recapacitar, si ambos deciden seguir adelante, la solicitud prosigue, sin embargo, hay un tiempo de espera, creo que por aquello de si se arrepienten, aunque ya existe la modalidad de divorcio exprés. La segunda audiencia fue cuando ya se aprobó, por decirlo así, nuestro divorcio, pero tuvimos que dejar en claro todo, negociar los términos en que este se iba a dar, las pensiones para los hijos y la repartición de bienes. Aquí es en donde la mayor parte de las parejas entra en conflicto, sin embargo, nosotros no, pero sí voy a hacer una gran recomendación a todos los que estén pasando por este proceso: hagan muy bien sus cuentas, porque las matemáticas no siempre cuadran y también imaginen su vida en diez años, porque su futuro puede quedar condicionado a un mal arreglo presente.

Antes de continuar, quiero aclarar que el dinero no ha sido mayor conflicto entre mi exesposa y yo después de separados, cuando firmamos el divorcio rápidamente llegamos a una cantidad que nos satisfacía a los dos, pero eso no quiere decir que no hemos tenido varias discusiones para ajustarnos, sobre todo cuando cambié de profesión y el dinero escaseó, pero afortunadamente conté con su apoyo, así también como con el de muchas otras personas en los momentos más difíciles, económicamente, para mí. El dinero no ha sido moneda de cambio entre nosotros y la relación con mis hijos, lo que escribo aquí es la experiencia de muchos amigos cercanos donde el dinero sí es un problema muy grande en su relación con su expareja y pareciera que lo fuera TODO una vez separados.

Divorciarte es un pésimo negocio

Económicamente, divorciarse es un pésimo negocio para la mayoría de la población, lo digo en serio, y lo ejemplificaré con matemáticas muy simples.

Imaginemos un matrimonio de clase media con dos hijos, el ingreso total para su hogar es de $35 000 pesos, ya sea generado entre los dos o por uno solo, la fórmula aplica igual.

Gastos mensuales:

- Renta: $8 000
- Colegiaturas: $8 000 (dos niños)
- Mandado: $2 500
- Celulares: $500
- Gasolina de dos autos: $4 000
- Teléfono e internet: $500
- Agua, luz y gas: $1 000
- Pago de uno de los carros: $4 000 (se debe a plazos)

Hasta aquí da un total de $28 500 pesos, sin contar salidas a comer, vacaciones, pago de alguna tarjeta de crédito o pago a crédito en alguna tienda departamental, compra de ropa, alguna emergencia, etc. Aquí tampoco incluyo la mensualidad de algún club social, clases extras de natación, karate, yoga, el futbol de los sábados, los honorarios de doctores, la compra de medicinas, el pago de seguros de autos o seguros médicos que todos juntos tal vez sumen unos $3 000 pesos más al mes.

Si no se gasta en nada extra, les sobran $6 500 pesos al mes, y, si los ahorran, al año son $78 000 pesos que están juntando para comprar una casa.

Ahora viene el divorcio y, generalmente, la mujer (no es nada en contra de ellas, pero generalmente pasa) quiere o exige mantener el mismo nivel de vida para ella y para sus hijos. Para ella no es opción cambiarse de casa, ya que en la actual ya tienen toda una rutina tanto ella como los niños y cambiarse, aparte del divorcio, generaría para todos más estrés y gastos, además, si se cambiaran sería a un lugar mejor, no peor, ¿o me equivoco?

Entonces el padre de familia se va y, lógico, necesita dónde vivir, no todos van a irse con su mamá, como yo. En el caso de que el que aporte todo el dinero solo sea el padre de familia, los gastos en caso de que su mujer se quede con la misma casa son prácticamente los mismos, ya que sus hijos van a seguir yendo a la misma escuela, es la misma renta y en lo que se puede ahorrar un poco es en comida, pero realmente el ahorro de una persona menos no pasa de dos mil pesos mensuales. Peeeero… como se necesita un nuevo lugar para que el padre recién divorciado viva, entonces se necesita pagar una nueva renta. Para hacer las nuevas cuentas, supongamos que se va a vivir en un departamento muy austero (de hecho, la renta de $8 000 pesos que puse como base en la suma pasada es muy baja en cualquier urbe mexicana).

Gastos mensuales nuevos:

- Renta del nuevo departamento: $5 000
- Luz, agua, teléfono, gas e internet: $1 500
- Mandado: $1 500
- Pago de crédito: $2 000 (se tuvo que amueblar la casa)

Yéndonos con un presupuesto conservador, los nuevos gastos ascienden a $10 000 pesos, pero si solo sobraban $6 500 pesos, ya tenemos un déficit de $3 500 pesos mensuales.

¿Ves cómo sí es un mal negocio divorciarse?, y aquí es donde comienzan los problemas, el primero es que tampoco a los hombres nos gusta cambiar nuestro estilo de vida y queremos mantener algo similar, pero no hay dinero que alcance para dos casas. Conozco casos de amigos que han hecho el sacrificio de vivir muy austeramente para darles lo más que se pueda a su expareja y a sus hijos y son acusados por sus exparejas de conformistas y mediocres, de no tener ambición, ellas les dicen a sus hijos cosas como: «Mira cómo vive tu papá, por eso me separe de él», «Ve, él no hace nada para salir adelante». Esas críticas se me hacen muy injustas cuando un exmarido ha mantenido a su familia viviendo en las mismas condiciones que antes de divorciarse y ha aportado cuando menos el ochenta por ciento del dinero para todos los gastos.

Al ver que el dinero no alcanza, si la esposa no trabajaba antes de divorciarse, trabajar se vuelve una opción para que el presupuesto alcance nuevamente. Sin embargo, aquí hay dos implicaciones, la primera es que los niños están acostumbrados a la atención de su mamá y, si ahora ella trabaja, sobre todo si consigue un trabajo de tiempo completo, tendríamos el problema de niños que perdieron a su papá, pero también a su mamá. Y en este nuevo escenario los hombres usamos un reclamo cliché e igual de injusto contra las exesposas: «Estás descuidando a los niños». Entonces, entre «El dinero que me das no me alcanza para nada» y «Los niños están solos, los estás descuidando» tenemos la eterna discusión de las parejas divorciadas.

La segunda implicación es que, si la esposa no trabajaba antes o tenía tiempo sin hacerlo, encontrará un trabajo con un salario muy bajo, el cual —siendo realistas— apenas alcanzará los diez mil pesos como máximo y con eso, los excónyuges apenas podrían mantener el mismo estilo de vida que tenían cuando estaban casados, con un pequeño inconveniente, conforme crecen los niños los gastos se incrementan. ¿Ves cómo divorciarse es un mal negocio en el que todos salen perdiendo?

El segundo escenario es que estando casados los dos ya trabajaban y ambos aportaban para el hogar su salario completo, aquí el negocio es aún peor porque automáticamente se pierde uno de los salarios, el del hombre que generalmente deja la casa. Supongamos que el hombre aportaba $17 500 pesos y la mujer la misma cifra, para hablar de equidad. El juez va destinar solamente un porcentaje de los $17 500 pesos que el marido aportaba para la manutención de su antiguo hogar. Ya contabilizamos que los nuevos gastos del papá divorciado son de $10 000 pesos, eso quiere decir que solo podrá aportar $7 500 pesos a su antiguo hogar. Por lo tanto, la exesposa, para seguir viviendo en la misma casa y con el mismo estilo de vida, contará con $25 000 pesos en total —su sueldo completo más los $7 500 de manutención por parte de su exmarido—, de nuevo no alcanza, pero a diferencia del caso anterior ella no puede buscar trabajo que abone al presupuesto, ya que desde antes trabajaba y aportaba todo su salario para los gastos del hogar.

Hay que entender esta fórmula muy bien, ya que el dinero no se multiplica con el divorcio, los que aumentan son los gastos. Divorciarse va a traer cambios económicos a la baja en la mayoría de los casos, sé que todos tenemos la esperanza de que en el futuro nos irá mejor, pero hay que tener cuidado porque, como dije antes: ese futuro puede estar ya condicionado.

Cuando llegó la parte de ponernos de acuerdo en lo económico yo dije que sí a todo, no renegué ni puse objeción en nada, en ese momento solo quería a cambio la patria potestad y la custodia compartida de mis hijos, años después fue difícil mantener una pensión tan alta y tuvimos que hacer ajustes.

Los... ¿perrhijos?

Hoy en día es muy común escuchar la palabra *perrhijo*. Un perrhijo es una mascota, en este caso un perro, que es tratada como si fuera un hijo. César Millán, el encantador de perros, critica mucho a los dueños que miman a sus perros en exceso, ya que él sostiene que un perro tiene que ser tratado como perro, no como un niño, argumenta que eso los desestabiliza y los hace cambiar su comportamiento, se vuelven perros conflictivos. A un perrhijo se le tiene dentro de la casa, se le compra ropa, comida de primera, se le lleva de viaje, incluso hasta se le hacen fiestas de cumpleaños.

Muchas parejas sin hijos, antes de la llegada de estos, optan por tener un perro y también familias ya con niños tienen uno y todos los miembros lo tratan como a un hijo más, pero un perro tiene una ventaja. Un perro de un año ya se puede quedar todo el día solo, por lo que, si sus dueños trabajan todo el día, basta con que le dejen agua, le den de comer cuando lleguen por la noche, lo saquen a pasear quince minutos y lo acaricien otros cinco minutos para que esté feliz. En divorcios de parejas jóvenes sin hijos el perro es motivo de disputas, ya que en la dinámica de dicho matrimonio el perro sustituyó a los hijos. ¿Quién se queda con el perro?

¿Qué es un hijo-perro?

Antes de comenzar, aclaro que no estoy en contra de que la mujer trabaje y se realice profesionalmente, mi mamá fue una empresaria muy exitosa y ahora es una excelente vendedora de bienes raíces, mi actual esposa tenía una carrera en mercadotecnia muy exitosa siendo directora de medios de una agencia de publicidad cuando la conocí, no obstante, mi mejor recomendación para cualquier pareja que quiera tener hijos es asegurarse de tener el tiempo para atenderlos y que, cuando menos, uno de los cónyuges pueda estar con ellos durante sus primeros años de vida.

Cuando mi esposa y yo éramos novios siempre me decía: «Adrián, si nos casamos, cuando tengamos hijos quiero dejar de trabajar para estar con ellos, así que a ver cómo le haces porque solo con tu sueldo nos vamos a mantener», y lo cumplí. Cuando quedamos embarazados, ella dejó de trabajar a los pocos meses y hasta el día de hoy no lo ha vuelto a hacer. Solo que la historia no es tan feliz como parece, cuando nació nuestro hijo y hasta su tercer año de vida tuvimos la crisis económica más fuerte de nuestro matrimonio, algunos meses sin ingresos, y nos llenamos de deudas para subsistir. ¿Qué hicimos? Ajustamos todo, nos cambiamos de casa, vendimos un auto, gastábamos lo mínimo, no salimos de vacaciones por tres años, no compramos ropa en mucho tiempo para nosotros, no salimos a comer fuera por ninguna razón, pero mi hijo ha tenido a su mamá a su lado sus cuatro años de vida.

Mi exesposa tampoco trabajaba, estaba al cien por ciento con mis hijos mayores, y comenzó a trabajar hasta que nos divorciamos, pero solo medio día, mientras ellos estaban en la escuela. Actualmente, ella los deja en la escuela por la mañana, los recoge a la hora de la salida y por las tardes está a su lado tiempo completo.

Hoy en día, los matrimonios aspiramos a una vida mejor, sobre todo los de clase media, queremos mejores carros, vacaciones, comprar una casa… y con el fin de alcanzar esas metas ambos cónyuges trabajan; no hay problema si están los dos solos, incluso hasta con un perro, pero cuando tienen hijos, los pobres niños crecen solos, apenas tienen tres meses y ya pasan todo el día en la guardería, cuando cumplen tres años van al kínder y después a una ludoteca o escuela de tareas y, una vez que entran a la primaria, los padres buscan escuelas extendidas o piden ayuda a algún familiar (generalmente a los abuelos) para que los cuide en las tardes y los lleve a otras clases que los entretengan.

La justificación de las parejas para todo esto es que les están dando una excelente educación a sus hijos, una casa muy bonita y, además, los llevan de vacaciones, pero eso no es ser padres, es ser proveedores. La educación de nuestros hijos la dejamos en manos de terceros, de las escuelas, de otros familiares, de sus maestros y, entonces, se convierten en hijos-perros, niños que son abandonados todo el día y cuyos padres solo los ven por las noches para darles de comer rápidamente y hacerles un par de caricias para mandarlos después a descansar. Si el matrimonio implica sacrificios, el tener hijos implica todavía más, y un niño crece sanamente acompañado de sus padres, no en una guardería o estancia infantil de tiempo completo.

El divorcio hace que muchos niños sean abandonados por ambos padres, ese fue el caso de mi hermana y yo, perdimos a nuestro papá y perdimos a nuestra mamá porque ella tenía que trabajar. Afortunadamente, en el caso de mis hijos ellos no perdieron a su mamá y a mí me perdieron lo menos posible.

Papás de fines de semana

Si el papá trabajaba mucho antes de divorciarse, tenía la oportunidad de ver a sus hijos por la mañana, por la noche y el fin de semana, sin embargo, una vez divorciado es imposible que los vea entre semana, si continúa con el mismo ritmo de trabajo, y los verá solamente los fines de semana. El fin de semana también puede ser peleado por la madre, ya que es el tiempo en el que más se puede convivir, así que con mucha suerte tal vez le toque verlos un fin de semana cada dos semanas.

El papá de fin de semana es un papá que ya no asume su rol como padre; ve tan poco tiempo a sus hijos que lo que menos quiere es regañarlos, castigarlos o entrar en una rutina de hogar con ellos, así que generalmente los invita a comer, a un centro comercial, al cine, al futbol, en fin, a todo tipo de eventos que los entretengan para pasar el fin de semana, y el domingo por la noche devolverlos con su mamá. El papá deja de ser papá para convertirse en alguien divertido que no regaña, solo consiente y deja hacer a sus hijos lo que quieran y eso causa conflicto con la expareja, ya que, al estar toda la semana con ellos, ella es quien afronta todos los problemas, las discusiones y la educación de los hijos, se convierte en la mala, en la regañona. Algunas veces, esta situación se convierte en una competencia, mientras más consentidor y alcahuete sea el papá, más dura se volverá la mamá, con el pretexto de que alguien debe tener mano dura y argumentando que solo ella los educa mientras que el papá los echa a perder. La realidad es que un papá divorciado de fin de semana contribuye a la mala educación de sus hijos, ya que antes de divorciarse no eran tan constantes las actividades que ahora hace con ellos los fines de semana.

Cuando falleció mi papá en el 2015 mi hermana escribió en su muro de Facebook unos párrafos de despedida para él, en resumen, ella lo describía como su mejor amigo y su compañero de fiestas, incluso recordaba que él la había llevado a su primer concierto. Durante la adolescencia de mi hermana mis papás tuvieron muchos conflictos, mi mamá era la que nos regañaba, la de las reglas, nuevamente la mala, mientras que mi papá, que poco lo veíamos, nos dejaba hacer lo que quisiéramos con él. Así, mi papá no solo se iba de fiesta con mi hermana, sino que pagaba toda la borrachera de ella y sus amigos con tal de ser parte de ellos, mi papá nos dejaba tomar, no teníamos horarios con él y para un adolescente eso es genial y muy peligroso. Mi hermana se fue en varias ocasiones de la casa (siempre regresó) al no estar de acuerdo con las normas y las reglas de mi mamá y pensar que con mi papá estaría mejor.

Para mi papá, su moneda de cambio, su manera de competir con mi mamá, era dándonos toda la libertad, y eso pudo haber truncado el futuro de mi hermana, afortunadamente no fue así. Mi hermana no fue consciente, pero en su publicación no describió a mi papá como a un papá, sino como a uno más de sus compas, al que por cierto también le daba por ligarse a sus amigas.

Para ser claro con mis hijos, yo les digo: «Yo no soy su amigo, soy su papá». Y hay límites en nuestra relación, yo no estoy para hacer de su vida una fiesta, estoy para educarlos y darles herramientas para que ellos a su tiempo elijan su propio camino.

El papá vale dependiendo de cuánto dinero aporte

Tristemente, para muchas mujeres sus exmaridos valen dependiendo de cuánto dinero les puedan dar para no perder su estilo de vida anterior al divorcio. Alguna vez oí decir estas palabras a una recién divorciada: «Divorciarme fue lo mejor que me pudo pasar, puedo hacer lo que quiera y, aparte, me mantienen».

En un divorcio siempre se queda mal con alguien —como dije anteriormente: el divorcio es un pésimo negocio—, sin embargo, al ya no tener una relación afectuosa con nuestras exmujeres, ¿para qué somos útiles los hombres ahora?

Cuando no hay hijos de por medio, durante las negociaciones del divorcio solo hay que ponerse de acuerdo en la repartición de bienes y después cada uno hacer su vida, pero si hay hijos de por medio hay que fijar una pensión.

Los divorcios, tristemente, no están exentos de conflictos, cargas emocionales, heridas, decepciones, etc. Si la exmujer siente que fue agraviada por su expareja durante el matrimonio (por infidelidad, abandono, o lo que sea) una de las maneras de cobrarse las ofensas es obteniendo la pensión más alta posible, sin importar cómo quede la situación económica de su expareja. El mismo caso se puede dar a la inversa, en la que el marido siente que fue agraviado por su expareja y su manera de desquitarse será dándole la menor cantidad posible de dinero de pensión, su revancha será hacer que ella se rasque como pueda.

Entonces, para una mujer divorciada ¿qué tan bueno es el papá de sus hijos? Depende de cuánto dinero aporte, y aun aportando suficiente, muchas mujeres suben sus estándares de vida y siempre pedirán más, es su forma de compensar su fracaso matrimonial si creen que la culpa la tuvo el hombre.

Mi amigo Sebastián tiene más de diez años divorciado, cuando aún estaba casado compró una casa que tenía que pagar a veinte años, y cuando se divorció, la casa se la quedaron su exesposa y sus hijos, sin embargo, él siguió pagándola puntualmente, además de las colegiaturas. Sebastián vive en un departamento muy austero, ya que más del setenta por ciento de su ingreso lo destina a su antigua casa, y aunque tiene pareja, sabe que formar una vida con ella sería muy difícil ya que con lo que gana no le alcanzaría para mantener a una nueva familia.

Algunas veces Sebastián me cuenta que sus hijos le reclaman que no le da dinero suficiente a su mamá, que a su mamá —que, por cierto, no trabaja— no le alcanza para los gastos. Su exesposa no solo se lo reclama a él cada vez que puede, sino que también involucra a los hijos, haciéndolo quedar como un papá desconsiderado que no se hace cargo de ellos.

—Cómo si me estuviera quedando con dinero para mí —me comenta Sebastián—, cuando realmente les doy todo.

Yo le sugerí un ejercicio, le dije que les diera todo el dinero que gana a sus hijos para que ellos mismos paguen todos los gastos que él absorbe, que paguen la hipoteca, la renta, la pensión y todo lo demás, de modo que se hagan conscientes de los gastos que hay en una casa, de que se tiene un presupuesto para cada cosa y no hay forma de producir más.

Según la exesposa de Sebastián, él debería ver cómo generar más recursos y al no generarlos es un mal padre y una persona mediocre. Los malos tiempos acontecen para todos y Sebastián está pasando por uno de ellos, sin embargo, para no quedar mal con sus hijos, para que no les falte nada, vendió su vehículo. Para mí, fue un error. Ahora Sebastián es menos productivo, ya no tiene una herramienta que era esencial en su trabajo para visitar a sus clientes, ahora tarda más en llegar a sus citas, sin embargo, la necesidad de no sentirse un mal papá y la presión de su exesposa lo llevaron a tomar esa decisión.

Crisis económicas

Durante todo el 2015 tuve una de las peores crisis económicas de mi vida adulta, decidí convertirme en escritor y conferenciante de tiempo completo, y tuve que empezar desde cero y pagar derecho de piso. En ese entonces ya tenía cuatro años de casado y a mi tercer hijo con menos de dos años, como matrimonio ¿cómo lo vivimos? Mi esposa estuvo conmigo, ajustó donde teníamos que ajustar, no gastamos de más, hicimos cambios en nuestra vida y entre los dos salimos adelante. Mi exesposa también me apoyó, ya que cuando se me terminaron los ahorros y no tenía ingresos, no solo no alcanzaba para los gastos de mi casa, sino que tampoco me alcanzaba para las colegiaturas de mis hijos mayores y la pensión alimenticia. No te mentiré diciéndote que fue algo fácil, hubo varias discusiones con mi exesposa al respecto, ya que, al no tener yo dinero, ella tenía que cubrir los gastos en su totalidad, pero tuve suerte y puedo escribir que conté con su apoyo para hacerse cargo de lo que me correspondía mientras yo volvía a generar ingresos.

Sin embargo, ¿cuántos papás divorciados no cuentan con el mismo respaldo? Cuando uno está en pareja la mayoría de las veces nos apoyamos, a nadie le gustan las crisis y cuando falta dinero es muy difícil todo, hay más tensión, hay más peleas, incluso en muchas crisis económicas se dan divorcios, pero antes de llegar al extremo, las parejas tratan de salir juntas del mal momento; pero cuando se está divorciado, pareciera que fabricar dinero es una obligación constante, pareciera que nunca se puede pasar por un mal momento o crisis y cuando sucede muchas exparejas, lejos de comprender, recriminan y reclaman, y lejos de abonar y apoyar para que se salga de ese mal momento lo más rápido posible, causan más tensión y conflictos. Te repito: aunque tuvimos varias discusiones mi exesposa y yo, tuve suerte.

Claro que me pesó primero dejar de dar pensión y ayudar solo con las colegiaturas, después pagar solo una y después ninguna durante casi un año, solo pagaba el seguro médico y, claro, los gastos de los días que mis hijos estaban conmigo, pero a veces daba tristeza nuestra alacena sin nada y cada semana se compraba solo lo más necesario para comer.

En esa época me acordaba mucho de mi papá, tanto que renegué de él porque nunca nos dio una manutención constante y ahora yo estaba haciendo lo mismo, claro que yo seguía viendo a mis hijos mucho, pero eso no hacía que me sintiera mejor, no les faltaba nada, su mamá pudo con todos los gastos, pero no me sentía cómodo, sentía que les estaba fallando como sentía que mi papá nos había fallado a mi hermana y a mí.

La realidad es que aparte de todas las preocupaciones por la falta de dinero había otra pregunta en el aire: «¿Y qué tal si no vuelvo a tener buenos ingresos?». Cabía la posibilidad, ser escritor y conferenciante es un riesgo grande, sin embargo, yo cambié de carrera a mis treinta y seis años, casado y con tres hijos.

A mi tercer hijo también quería darle las mismas oportunidades que a sus hermanos, como estudiar en la misma escuela, y en ese entonces pensar en pagar un kínder privado era imposible. ¿Cuántos papás divorciados son despedidos de sus trabajos?, ¿de cuántos de ellos sus negocios no funcionaron o pasan por una crisis económica? A nosotros los hombres se nos asigna el rol de proveedores, está en nuestro ADN y se acentúa con el divorcio. Tristemente, para tu expareja tu única utilidad es dar dinero, y eso se lo manifiesta a tus hijos —papá paga las cuentas: papá es un buen papá, papá no paga las cuentas: papá es un mal papá—. Y ¿quién apoya a todos esos padres divorciados en sus crisis económicas? Y no me refiero solo a la parte monetaria, ¿quién te da la mano?, ¿quién te dice que mañana todo estará mejor, que no te apures, que ya pasará el mal momento?, ¿quién te dice «estoy contigo, vemos cómo le hacemos»? Yo contaba con el apoyo de mi esposa, que de verdad me apoyó mucho y me aportó el «vemos cómo le hacemos» y también con el de mi ex, que entendió la situación, pero ¿a cuántos papás les prohíben ver a sus hijos porque no dieron la pensión? ¿Cuántos papás fueron demandados y los obligaron a vender sus pocas pertenencias, como a mi amigo que se quedó sin carro? ¿Cuántos papás no duermen por sentir que están fallándoles a sus hijos? Y también, ¿cuántos hijos apoyan a sus papás?, ¿cuántos hijos les dicen «no te apures, todo va a salir bien, échale ganas, estamos contigo, te queremos»? Algunos papás están muy solos y las malas situaciones algunas veces no son entendidas por la manipulación de la exesposa hacia los hijos.

Mis hijos estuvieron conmigo, se aguantaron sin salir a comer, sin vacaciones, sin comida en la alacena, estuvieron conmigo con lo mínimo que todos compartíamos y afortunadamente, con la ayuda de todos, salí adelante, pero sé que la mayoría no puede presumir contar con ese apoyo. Cuando volví a generar ingresos, lo primero que hice fue ir al banco y pagar su siguiente colegiatura, le hablé a mi ex y le dije: «Ya están pagadas». Para mí fue un momento importante, volvía a cumplir con ellos.

Con mi papá era diferente, él no pasó por un mal momento, y claro que tenía el gen de proveedor, pero siempre tuvo como prioridad a su mamá y a sus hermanos y hermanas, después, su vida personal, y al ver que mi mamá pudo sola con nuestra manutención se desentendió de nosotros.

Cuando fui a terapia al enfermarme de ataques de ansiedad, entendí que tal vez mi papá nunca iba a poder aportar la misma cantidad de dinero que mi mamá para nuestra manutención, pues no son competencias. A mi mamá le estaba yendo mucho mejor y me explicaron que no era sano exigirles lo mismo, porque claro que yo le exigía a mi papá, pero que sí era sano exigirles de acuerdo con sus posibilidades y que eso lo teníamos que entender todos, incluida mi mamá. Por ejemplo, ella tal vez ganaba veinte mil pesos al mes y los aportaba todos, pero tal vez mi papá solamente ganaba ocho mil pesos y si nos hubiera dado esa cantidad, se hubiera quedado sin dinero para vivir. ¿Quién no quisiera ganar más? Pero muchas veces no se puede, entonces, tal vez mi papá solamente nos hubiera podido aportar dos mil pesos y para él iba a ser mucho, yo lo entendí y ahora lo entiendo más, pero mi papá jamás aportó nada, eso aún no lo entiendo, su respuesta siempre fue: «Vénganse conmigo y aquí no les faltará nada».

El tema económico es muy difícil, en lo personal, en lo familiar y mucho más estando divorciado, y las situaciones difíciles a todos nos pueden acontecer, sin embargo, mientras más apoyo tengamos, más rápido saldremos adelante. Mientras más personas nos digan «Tú puedes, estamos contigo», más ánimos tendremos de salir al otro día para que las cosas mejoren y, por último, no es una obligación de nosotros, los papás divorciados, que siempre nos vaya bien y que siempre podamos responder en lo económico, ¿a quién no le gustaría que le fuera mejor siempre? A todos, y todos luchamos por eso y otros tantos cuando menos por mantener lo que ya tienen. Así como casados enfrentaron juntos crisis económicas, divorciados deberían darse la misma comprensión y el mismo apoyo para salir adelante.

La tercera y última firma

Ya que se llega a un acuerdo en todas las cuestiones materiales del divorcio, se llega a la tercera audiencia, en la que se plasma la última firma, que es cuando el divorcio se consuma.

Cuando en mi caso llegó la tercera firma, ya había pasado casi un año desde que me había ido de la casa, ya me había acostumbrado a mi nueva vida y no había vuelta atrás, sin embargo, firmar es algo difícil, en mi experiencia me sentí muy triste, lejos de ver todo lo malo del último año, las peleas y el daño que nos hicimos, ese día me acordé de todo lo bueno, de aquel día seis años antes en el que juntos, igual que ese día, firmábamos un acta para pasar el resto de nuestra vida juntos, ahora la situación era todo lo contrario, firmábamos para ya no estar juntos jamás, lejos de estar contento o feliz, como muchos dicen estarlo, cuando llegó la tercera firma y el «por fin son libres», a mí me llegó mucha nostalgia de todos los momentos buenos que tuvimos, tristeza de cerrar mi ciclo con ella y la familia que habíamos formado, no me estaba arrepintiendo, pero en mi primer matrimonio también tuve muchos momentos muy buenos que no supimos repetir o valorar para seguir adelante, habíamos fracasado como pareja y ahora estábamos ahí para terminar definitivamente con todo.

Muchas parejas firman por separado, no se quieren ver ese día, es muy difícil llegar ya sin una batalla que pelear, a firmar la rendición ya sin armas, enfrentar cara a cara el fracaso como pareja; ya para ese entonces se llega más tranquilo y cuando menos en mi caso fue un día triste, poner mi firma en el acta de divorcio me dolió, se cerraba una década de mi vida con la persona que diez años atrás elegí para ser mi novia, después mi esposa y la madre de mis hijos, terminaba con casi siete años de matrimonio, terminaba con la familia que habíamos decidido formar ella y yo y nuestros dos hijos, ¿a quién no le iba doler? De ahí en adelante las cosas entre todos nosotros jamás volverían a ser igual.

Pérdida de amigos

Cuando mi ex y yo nos conocimos cada quien tenía su bolita de amigos, yo me integré en la suya y ella se integró en la mía. Con un divorcio, generalmente, los amigos vuelven a sus bandos originales, sus amigos le mostraron su lealtad cortando toda amistad conmigo y eliminándome de sus redes sociales y mis amigos hicieron lo mismo. Yo jugaba futbol con amigos de su hermano, íbamos al estadio cada quince días y todos desaparecieron, toda amistad que tuviera por el lado de su familia o de ella se terminó con el divorcio. Sé que se oye exagerado y cuando encuentro a muchos de sus amigos en la calle nos saludamos y ella también con mis amigos, pero generalmente la amistad profunda se corta, es algo normal.

Pero hay otro tipo de amigos que cortó casi por completo con los dos. Cuando nuestros hijos entraron a la escuela se comenzaron a hacer las famosas reuniones de padres, en las que conocimos a otras parejas con hijos de la edad de los nuestros, con muchos de ellos hicimos muy buena amistad, nos frecuentábamos casi una vez por mes porque hicimos un equipo de futbol e incluso viajábamos, cuando nos divorciamos ya no cabíamos en ese grupo de nuevos amigos, casi todos eran parejas y nosotros ya no éramos pareja, supongo fue difícil también para ellos manejar la situación, nos dejaron de invitar a reuniones y todo tipo de convivencias; una pérdida más, perdimos a nuestros nuevos amigos.

Claro que me dolió, pues me llevaba muy bien con muchos de ellos, pero me dolió más otra situación: también comenzaron a dejar fuera del grupo a nuestros hijos, ya no los invitaban a sus casas, a las fiestas infantiles, claro que los saludaban en la escuela, pero yo sí resentí el rechazo hacia mis hijos, no sé si ellos fueron conscientes de ello, pero mis hijos perdieron a su familia y también, de cierta forma, a sus nuevos amigos, aunque en la escuela seguían siendo amigos, por la tarde y los fines de semana dejaron de ser invitados a convivir con ellos.

La familia

Cuando salió mi segundo libro, *100 cosas que todo mexicano debe saber*, un tío de mi exesposa me compró varios ejemplares y muchos de estos los regaló al resto de la familia, me pidió que los personalizara y hubo una dedicatoria en especial que no olvidaré: «Porque aun con un divorcio, jamás dejaremos de ser familia». La familia de mi exesposa fue mi familia por casi diez años, desde que comenzamos nuestro noviazgo hasta nuestro divorcio, en ellos encontré a verdaderos amigos, consuelo y apoyo en los momentos difíciles y también celebré momentos especiales, con todos me llevaba bien, pero había algunos con los que me llevaba mucho mejor.

Dicen que cuando te casas, te casas con toda la familia de tu esposa y yo fui muy feliz con ellos, de hecho, puedo decir hoy en día que aún los extraño, a su abuela la quise mucho, ella murió cuando aún estábamos casados y me dolió profundamente, aprendí muchas cosas de su abuelo, quien era una gran persona, y me divertí mucho con sus primos y con su hermano.

Lamentablemente, cuando uno se divorcia, también se divorcia de la familia, con los tíos y primos de mi exesposa sigo llevando una muy buena relación, incluso nunca dejamos de ser amigos en redes sociales, pero sí dejamos de frecuentarnos por completo, su papá dejó de hablarme, incluso hoy en día solo lo hacemos por cortesía, cuando se enteró de que nos habíamos separados él me dijo: «Tú eres el capitán del barco, haz lo que tengas que hacer, pero no dejes que se hunda», para mi exsuegro yo fui el culpable del divorcio, no supe sacar adelante el conflicto, dejé que el barco se hundiera. Con su mamá supongo que pasó algo similar a lo que pasó con la mía, mi mamá dijo: «Haya pasado lo que haya pasado, ella es la mamá de mis nietos y a mis nietos los quiero cerca de mí, así que lo mejor es tener una buena relación con ella». Hasta el día de hoy, por parte de toda mi familia así ha sido, al igual que por parte de su mamá y su hermano con respecto a mí.

El divorcio es una pérdida

Por donde lo quieras ver, el divorcio es la pérdida de tu familia, la pérdida de tu hogar, la pérdida de tu pareja, la pérdida de tus hijos, la pérdida de tus amigos, la pérdida de la familia de tu exesposa, pérdidas económicas… Después de un divorcio se tiene que pasar un periodo de duelo, se tiene que reajustar toda tu vida en todos los aspectos, tienes que vivir la tristeza de la pérdida, buscar ayuda profesional para entender lo que pasó, tomar la responsabilidad de lo que te toca, perdonarte por tus fallas y perdonar a tu expareja por la parte que le toca a ella y, por último, la parte más difícil, aceptar que nada volverá a ser igual y seguir adelante.

¿Cuántas personas conoces que se quedan estancadas, que parece que se acaban de divorciar? Espero que tú no seas una de ellas, personas por las que pasan los años y pareciera que siguen en el mismo proceso de reclamarse, de no aceptar la situación, de seguir con el rencor y viendo solo cómo lastimar a su excónyuge estando en medio sus hijos.

¿El divorcio es difícil? Claro que sí, y lo peor que puedes hacer es celebrarlo con una fiesta o comportándote como si tuvieras veinte años, saliendo todos los fines de semana de antro o fiesta, eso es evadir la realidad, pero esta tarde o temprano te golpeará de frente, no te puedes ocultar por siempre. ¿Cuánto tiempo vas a esperar para seguir adelante de manera sana, para rehacer tu vida como lo decidas, pero sin las ataduras ni el rencor de tu fracaso matrimonial?

Tristemente, hoy en día tenemos papás en los cuarentas que se comportan igual que sus hijos de veinte, que toman igual, ligan en antros y fiestas y sus vidas sentimentales son un lío, que presumen ser los mejores amigos de sus hijos y que pueden sentarse con ellos a tomar una cerveza, cuando sus hijos lo que necesitan es un papá, alguien que les diga que cuando crezcan las cosas se estabilizarán y van a estar bien, no como en el ejemplo de vida adulta desastrosa que algunos papás dan.

Con el divorcio se debe llegar a un nuevo acuerdo, a un nuevo contrato, no el que se firma con un juez, sino un nuevo contrato de una nueva relación de respeto y libertad, donde ambos se permitan crecer y seguir adelante con sus vidas y que los una el objetivo en común de sacar adelante lo más preciado que ambos comparten: sus hijos.

En la mira

Algunas discusiones con mi ex sobre la educación de mis hijos son por ser duro con ellos, para mí, apoyarlos no es decirles siempre que sí a todo, es también decirles que la forma en la que hacen las cosas no es necesariamente la que lleva al resultado que ellos están esperando, que la vida no es fácil y que tienen que luchar por lo que quieren. Yo me he mantenido en mi posición de papá completo, que regaña y educa, pero que también se divierte con sus hijos, como si vivieran conmigo y no como papá de fin de semana.

Eso algunas veces los hace buscar la posición más cómoda, que muchas veces no es ni con su mamá ni conmigo, sino con su abuela, pero mi ex y yo siempre les hemos dejado en claro que nosotros siempre seremos la primera autoridad.

Sin embargo, muchos amigos divorciados me comentan que se sienten en la mira, como si su paternidad siempre estuviera a prueba, y claro que los entiendo, porque alguna vez me sentí así.

—Siento como si me estuvieran evaluando todo el tiempo —me dice Juan, un amigo mío divorciado—, para mi exesposa todo lo que hago siempre está mal y siempre me cuestiona todo. Si regaño a mis hijos, que porque los regañé muy fuerte, si mis hijos se molestan, que porque no los comprendo, si no los regaño, soy un barco y no me interesa su educación, si los saco a comer, no cuido su alimentación, si no los saco, que qué codo soy por «nunca» hacer nada con ellos, ni una comida.

—Nos convertimos en todo lo malo que existe y digo «nos» porque mi ex también incluye a toda mi familia, papás, hermanos, abuelos, tíos y primos —continúa Juan—, todos los defectos del mundo los tiene mi familia y todo lo perfecto del mundo lo tienen ella y los suyos. Mi ex les dice a mis hijos, «no seas alcohólico como tu abuelo», «no seas una mujer sin carácter, que todo aguanta, como tu abuela», «no seas un bueno para nada como tu tío» o «no seas una mujer liberal como tu tía». Cualquier defecto que quiera resaltar y ejemplificar, lo encuentra en mi familia, y, por el contrario, cualquier virtud personal la ve en los suyos y, claro, yo caigo en el mismo juego, defiendo a los míos y descalifico a los suyos y un día me quedé pensando «¿Qué pensarán mis hijos de todo esto?, ¿pensarán que son el producto de dos familias llenas de defectos o llenas de virtudes?». Hoy me doy cuenta de que ambos, mi ex y yo, creemos que estamos bien y el otro mal, sin embargo, en ambas familias hay cosas buenas y cosas malas, y cuando estábamos juntos aceptábamos todo eso como parte de nosotros, incluso algunas cosas nos divertían, ¿por qué ahora no, si para nuestros hijos ambas familias siguen siendo su familia?

No basta

No basta es una canción de Franco de Vita de 1990, justo el año en que mis papás firmaron su divorcio, a unos meses de su separación. La canción comienza con la siguiente estrofa: «No basta traerlos al mundo, / porque es obligatorio, / porque son la base del matrimonio, / o porque te equivocaste en la cuenta».

Sé que mi hermana y yo fuimos hijos muy deseados y muy queridos. Hasta ese año de 1989 habíamos contado con nuestros papás todo el tiempo y toda nuestra vida, pero en los siguientes meses los perdimos a los dos, a mi papá por desentenderse de nosotros casi por completo y a mi mamá por tratar de sacarnos adelante económicamente y poco a poco, aunque con mucho éxito.

Un divorcio no tiene que significar la pérdida de nuestros padres o de nuestros hijos, todo lo que he escrito en este capítulo es mi experiencia y la de muchos otros amigos que decidieron compartir sus historias conmigo y en todas hay un gran dolor ante la ausencia de sus padres o de sus hijos. ¿Por qué tiene que ser así? Yo he luchado por estar cerca de mis hijos y lo he logrado, hoy en este libro a todos les propongo un nuevo tipo de relación, de acuerdo, de contrato posmatrimonial: la relación de los padres divorciados.

En búsqueda de una nueva vida

El divorcio ya estaba firmado y yo tenía que rehacer mi vida, no es que lo hubiera decidido con la última firma, las decisiones sobre qué hacer con ella fueron llegando poco a poco y en todas hubo una constante, decidí no quedarme quieto, decidí decir que sí a lo que se presentara y moverme.

Te comenté en capítulos pasados que una de las primeras cosas que comencé a hacer de manera regular para salir de la depresión fue correr; correr hace que nos movamos, que circulemos, que avancemos, literalmente, aunque no sabía a dónde iba, yo me tenía que mover, tenía que poner en movimiento todas las áreas de mi vida.

La importancia de ir a terapia

Los hombres somos muy renuentes a ir a terapia, creemos que eso es cosa de mujeres y que con una buena borrachera y contándole nuestras penas a nuestro mejor amigo las cosas pasarán.

Yo descubrí la terapia a mis veinte años, cuando comencé a tener ataques de ansiedad. Edna Stockton fue mi psicóloga y aprendí mucho sobre mí y el poder de mi mente, me gustó mucho como trabajé con ella, ya que puso fecha para mostrar avances y me daba mucha información sobre lo que me pasaba y mi enfermedad, así, en menos de un año, mis ataques de ansiedad estaban controlados, estos habían sido el resultado de la acumulación de muchos sentimientos reprimidos, entre ellos el divorcio de mis papás.

En los primeros días de separados, mi exesposa y yo acudimos a terapia familiar, fue algo rápido e improvisado y a las pocas citas ella decidió dejar de asistir, yo sabía que necesitaba terapia así que continué yendo y tenía también otra razón poderosa para hacerlo, muchas veces vamos a terapia y hablamos de nuestros padres, de nuestros hijos o de una expareja, y el terapeuta no los conoce, solo tiene idea de cómo pueden ser las personas que nos rodean a través de nuestra descripción, y en un divorcio ¿quién no describe a su expareja como la peor persona sobre la tierra? Yo no quería hacer eso, no quería que mi juicio se viera nublado por mis sentimientos porque de verdad quería salir adelante del difícil momento. La terapeuta había conocido a mi expareja así que no tenía que describírsela y creía que así me ayudaría más rápido a superar mi divorcio.

Lo primero que te aconsejo es buscar ayuda profesional si te estás divorciando. Ve al psicólogo, no tiene nada de malo, no nos hace menos hombres, nadie nos va a juzgar de débiles ni a hacer menos. En mi experiencia personal, ir a terapia me ayudó a entender mi divorcio, a superarlo y a seguir adelante con mi vida, tal vez en mucho menor tiempo que una botella de vino y consulta con mi mejor amigo. Lo segundo, es que cambies de terapeuta cuantas veces quieras. No porque ya lleves una cita, o diez, tienes que continuar forzosamente si no te sientes a gusto o no estás avanzando. En mi caso así sucedió, a pesar de la enorme ventaja de que la primera terapeuta que busqué conocía a mi expareja, con el paso de las citas no avanzaba, me sentía estancado y perdiendo el tiempo en cosas irrelevantes para ese momento, así que busqué a alguien más.

Edna, la primera persona en la vida con la que fui a terapia, ya no vivía en mi ciudad, tuve algunas conversaciones vía telefónica con ella, pero por teléfono no se puede tener terapia y nunca lo intentamos, nuestras pláticas eran más como las de dos viejos amigos, no obstante, sí me recomendó con una nueva terapeuta, Carmen.

Carmen era una fuerte confrontadora y yo necesitaba algo así, en ella encontré la fuerza que había perdido a base de trabajar duro y sin concesiones, sin victimizarme y enfrentando mi nueva realidad, tomando la responsabilidad de aquello en lo que yo había fallado y dejando atrás lo sucedido con mi exesposa, y tal vez con el tiempo perdonar lo que tuviera que perdonar. Decir que fue fácil y rápido sería mentir, sin embargo, hoy puedo decir que sí llegué a ese punto, espero que también mi expareja me haya perdonado por el daño que pude haberle hecho o por haber fallado en nuestra relación.

Carmen me explicó, y yo lo acepté, que haya pasado lo que haya pasado o cualesquiera que sean las causas de un divorcio, el cincuenta por ciento de la culpa la tiene uno, y es que algunas cosas pasan porque dejamos de hacer otras o descuidamos aspectos que nosotros creíamos que no tenían importancia y todo tiene consecuencias. Por lo tanto, la terapia consistía en reconocer qué hice mal y en qué me equivoqué, asumir mi parte de la culpa y responsabilizarme por las consecuencias de todo lo que hice o dejé de hacer y superarlo para seguir adelante. La otra mitad no me tocaba resolverla a mí, yo no puedo cambiar la vida de nadie, ni el comportamiento de los demás, ni decirles a otras personas qué deben de hacer, pensar o cómo deben de comportarse de acuerdo con lo que yo crea que debe de ser.

Desde mi perspectiva, la vida en pareja se comparte, no nos convertimos en seres idénticos, con las mismas características, ideas, pensamiento y sentimientos. Mi expareja ya encontraría su propio camino y su propio proceso para superar nuestro divorcio y seguir adelante; respecto a nuestra relación, mi trabajo era cerrar el ciclo, dejar de cargar el peso del fracaso matrimonial, aceptar el divorcio y mi pérdida, tarde o temprano, vivir el duelo, planear cómo seguir adelante a pesar de ello y con nuevas circunstancias, y seguir adelante con mi vida.

En terapia a veces no avanzamos porque queremos arreglar algunas cosas que no están en nuestras manos, queremos que nos pidan perdón, que reparen el daño que nos pudieron haber hecho, recomponer el pasado y, algunas veces, buscamos la validación como víctimas. Como dije en el párrafo anterior, cada persona tiene su proceso, los puntos más importantes que puedes trabajar en terapia son: qué paso, por qué paso, cómo puedes seguir adelante con lo que hay, cómo puedes seguir adelante a pesar de tu pérdida y con tu nueva situación. El «es que yo», el «es que ella» y, sobre todo, el «ella debería», salen sobrando, mejor pregúntate: «¿Qué puedo hacer yo?».

¿Le sirve a un padre divorciado ir a terapia? Definitivamente sí. Fue uno de los pilares más importantes para continuar con mi vida y superar el difícil proceso de un divorcio.

Ocupando el tiempo libre

El divorcio y el no tener a mis hijos conmigo permanentemente trajeron como consecuencia que tuviera más tiempo libre. Cuando estaba casado, después de trabajar iba a mi casa, cenaba con ellos, veíamos tele, convivía con mi pareja, alistábamos las cosas para el siguiente día y al amanecer comenzábamos toda nuestra rutina.

Con el divorcio me sobraba mucho tiempo, la primera opción para ocuparlo fue salir a visitar a mis amigos y amigas, algo que tenía tiempo sin hacer, ponerme al día, salir por todas esas veces que no había podido anteriormente por estar con mi familia. Tenía treinta y un años, muchos de mis amigos aún estaban solteros y volver a tener una «vida social de soltero» era una opción para ocupar mi tiempo.

Es necesario tener de nuevo una vida social, no está mal, pero muchos padres divorciados creen que es la única manera de ocupar su tiempo y se puede volver algo cotidiano, ya no solo se trata de una o dos salidas en fin de semana, sino algo de todos los días, incluso hasta de cuando tienen a los niños con ellos. Se puede volver algo insano, conozco padres divorciados de más de cuarenta años que son sumamente irresponsables con sus hijos porque se gastan gran parte de su presupuesto en la fiesta y eso no se vale.

Ocupa tu tiempo en cosas positivas, en cosas que te hagan ser mejor persona y crecer. Ya no tenía que levantarme todos los días por la mañana para bañar a mis hijos, darles de desayunar y llevarlos al colegio (excepto los días en que se quedaban conmigo), eso cambió, ahora yo llevaba a mi hijo mayor a la escuela y después de dejarlo me iba a correr al Bosque de Los Colomos, era una forma de aprovechar mi tiempo.

Siempre me ha gustado estudiar, sin embargo, por la circunstancia que gustes, mientras estuve casado pude estudiar muy poco, el estar con mi pareja, cuidar a mis hijos u otras razones me impedían hacerlo. Unos meses después de mi divorcio me di cuenta de que podía ocupar mi tiempo libre en estudiar una maestría, también en dar clases, siempre me lo habían pedido en mi universidad y me había negado por las razones anteriores, sin embargo, ahora podía hacerlo, ahora podía ir a dar clases y hacer mi maestría sin el remordimiento de no pasar tiempo con mi familia. En el 2010 comencé la maestría en Mercadotecnia Global y dos años después me estaba titulando, también impartí durante cuatro años la clase de Negociación Profesional en el ITESO.

Sé que sonará raro, pero incluso este libro que está en tus manos es consecuencia de mi divorcio y de ocupar mi tiempo productivamente, este es mi tercer libro, el primero, *Cómo ser un mexicano exitoso*, lo comencé a escribir en el 2012 y el segundo, *100 cosas que todo mexicano debe saber*, en el 2016.

Estando casado, malamente me había quedado estancado con mi vida, estaba conforme con lo que ya tenía y con lo que ya había logrado, tal vez algo dentro de mí quería más, pero tampoco tenía la motivación ni el apoyo para lograrlo. Una vez divorciado, comencé a realizar todos esos proyectos que estaban en mi mente. Me di más tiempo para dar mi conferencia «Cómo ser un mexicano exitoso» y una amiga, la Dra. Olga Gil, me sugirió hacer de esta un libro y me dije «¿Por qué no?». Tardé dos años en terminarlo, pero ese pequeño paso cambió mi vida, ahora mi trabajo solo consiste en dar conferencias y escribir libros. En el 2012, hace casi seis años, no lo hubiera imaginado.

Todo es parte de la acción, de moverte productivamente; puedes elegir no hacer nada, ver televisión toda la tarde y la noche, lamentándote por todas tus desgracias, puedes salir todos los días a beber para sentir que todo está bien, o puedes estudiar, dar clases, hacer tu propio negocio, tomar un diplomado o talleres (por cierto, también tomé clases de baile, de salsa, me ayudaban mucho a distraerme).

El tiempo libre, para bien o para mal, ya lo tienes, ¿qué vas hacer con él? Es decisión tuya. Desde mi experiencia, una cosa te va llevando a otra, de decidir dar clases y hacer una maestría terminé escribiendo libros y dando conferencias, me puse en movimiento y no me detuve, ahora es como me gano la vida, ¿tú qué esperas para moverte? Pretextos para no hacerlo vas a encontrar muchos, sin embargo, puedes cambiar tu vida para bien y ser mejor persona si ocupas tu tiempo en cosas productivas, tus hijos te lo agradecerán y se sentirán orgullosos de ti, además de dar el ejemplo de cómo frente a la adversidad decidiste salir adelante.

También necesitamos motivación de otras personas para realizar todos nuestros proyectos, que un padre divorciado sea apoyado por las personas que tiene cerca es muy importante. Mis hijos, mi mamá, mi hermana y después mi pareja me apoyaron en todo lo que decidí emprender, estuvieron en mi primer día como profesor, en mi primer día de la maestría, me apoyaron con mis conferencias y con mi primer libro en ese entonces, también necesitaba impulso. Sé que a los hombres nos ven fuertes, como si no necesitáramos nada, pero sí necesitamos apoyo y motivación, necesitamos personas a nuestro lado que nos hagan crecer.

Un retiro en silencio

Cuando tenemos muchas cosas dentro de nosotros solemos buscar cualquier distracción para no pensar en ello, eso incluye evitar estar solos, buscamos siempre estar con alguien, eso es fácil en el trabajo, pero cuando estamos en el auto o en nuestras casas ya por la noche, lo primero que hacemos es hablarle por teléfono a alguien, buscamos salir a algún lugar, ir por un café, por una cerveza, cualquier cosa que nos entretenga con tal de no quedarnos solos, quietos y en silencio. Nuestro yo interno, sobre todo después de un divorcio, tiene muchas cosas que decirnos, nos quiere decir claramente cómo se siente y qué le duele, pero tu yo pensante seguramente le dice que todo está bien y que no pasa nada, le dice: «Ve tu vida, sigue como si nada».

Lo malo de quedarnos solos y sin tener nada que hacer es que después de pensar en todas las cosas que no tienen importancia —como qué vamos a hacer al día siguiente, acordarnos de que el sábado juegan las chivas o de que tenemos que ponerle gasolina al carro—, empezamos a pensar en todo lo que habíamos evitado y a sentirnos solos. Piensas en qué vas hacer ahora con tu vida, extrañas a tus hijos, además, estás saliendo demasiado… y todo eso no nos gusta, así que corremos a donde sea con tal de distraernos y no tener esa plática con nosotros mismos que sabemos que no nos va gustar.

Después de unos meses de separado, ya casi al final de mi divorcio y ya con algunos meses en terapia, también decidí irme de viaje solo. No conocía Europa y decidí visitarla. Con esto no quiero decir que te tengas que ir de viaje para estar solo contigo mismo, solo que en mi caso se presentó la oportunidad y me fui (como te mencioné anteriormente, estar en movimiento te lleva por muchos caminos).

Me fui solo más de veinte días, sin compañero o compañera de viaje, y aunque estaba conociendo países, ciudades y gente nueva, tuve mucho tiempo para poner mi vida en orden, cuando me fui, mi cabeza era como un cubo de Rubik sin resolver, ya tenía algunas ideas de por dónde tenía que empezar y comenzar a darle forma a cada una de las caras, pero no había empezado a darles vueltas, así que a finales del 2009 tomé mi mochila y me subí a un avión para recorrer Europa por más de veinte días.

Lo que más me pesaba de estar lejos era no ver a mis hijos, nunca me había separado tanto tiempo de ellos, pero era algo que necesitaba —no el viaje, sino poner mi vida en orden—. La mayor parte del tiempo lo pasaba solo, estaba solo en los aviones, solo en los trenes, caminaba solo, visitaba los lugares turísticos solo, comía solo y, por las noches, en los hostales también estaba solo. Las circunstancias hicieron que fuera inevitable pensar en mi divorcio, en lo que había sucedido, recapitularlo, volver a vivirlo, me volví a enojar, a ponerme triste, pero tarde o temprano caía en la pregunta «¿Qué vas hacer?». Así se fueron más de tres semanas y cuando, en diciembre del 2009, aterricé en el aeropuerto de Guadalajara donde me esperaban mis hijos, me sentía con más fuerzas, con más ánimos y con una idea definida sobre lo que quería hacer con mi vida.

Yo te recomiendo que viajes solo, pero si no tienes la posibilidad de hacerlo, busca estar un fin de semana en tu casa tú solo, sin televisión, sin teléfono, sin música, sin salir, haz solamente actividades que te permitan pensar y estar en contacto contigo mismo, cocínate, arregla tu clóset, tu cuarto, selecciona las cosas que quieres seguir conservando y lo demás dónalo o tíralo si ya no está en buen estado, todo hazlo en silencio. Otros días puedes salir a caminar y en tu trabajo puedes arreglar tu lugar.

Si puedes hacer un viaje corto, ve a la montaña o a la playa, pero ve solo, y verás cómo poco a poco vas acomodando tu vida y vas descubriendo qué es lo que necesitas y qué quieres hacer para seguir adelante. Hazlo una vez, dos, tres… las veces que sean necesarias, verás que te sentirás mejor y más fuerte al terminar cada una, más si estás acompañado de un proceso de terapia, poco a poco te irás sintiendo mejor contigo mismo, te gustará tu propia compañía, disfrutarás de los momentos de estar contigo y verás que lo continuarás haciendo el resto de tu vida.

Tener una nueva pareja

Alguna vez leí o me platicaron que el divorcio no era el inicio de una separación, sino la conclusión; que cuando una pareja decide divorciarse es porque ya tiene años de conflicto y ya no hay ninguna solución para poder continuar la vida juntos, solo queda separarse y divorciarse.

En un divorcio en el que ambos permanecieron hasta la separación sin una nueva pareja, lo más probable es que en los primeros meses en lo que menos se piense sea en buscar otra pareja formal. En un principio buscamos estar solos, se vive un duelo por la pérdida de la pareja y tal vez después de unos meses se comience a salir y tratar de conocer a una nueva persona. En este párrafo no quiero decir que no haya quien en cuanto sale de su casa, tanto él como ella, busque a otra persona (generalmente de manera casual, solo por diversión o distracción) o quien, incluso, ya tuviera otra relación antes de separarse, sin embargo, sea cual sea la situación, siempre se vive un proceso de duelo, por lo que, en el caso de las personas que no tuvieran ya una nueva pareja antes de separarse, la búsqueda de compañía pasa a segundo término por unos meses.

Cuando yo me separé tenía treinta y un años, tenía sobrepeso y estaba descuidado, así que un día me pasó por la cabeza esta idea: «¡¿Quién me va a querer con dos hijos, una pensión que dar y así como estoy de descuidado físicamente?!» (me faltó agregar que también estaba deprimido, en un proceso de duelo, algunas veces iracundo y con inestabilidad emocional, pero de eso no era consciente). Sin embargo, como lo importante era moverme, mover mi vida y mi cuerpo, había comenzado a hacer deporte y a estudiar, y después de unos meses me di cuenta de que ya no era la misma persona: había bajado de peso, estaba en forma, corriendo carreras, estudiando una maestría, dando clases en la universidad y supongo que, incluso, mi nuevo yo sonreía más y no hablaba solo de lo triste que era estar divorciado. También me di cuenta de que mi nuevo yo no le era indiferente a otras mujeres, lo cual me ayudó mucho con mi autoestima. Saber que le podía gustar o atraer a otra mujer, y que el hecho de que estuviera divorciado y con hijos no fuera un impedimento para salir conmigo y buscar tener una relación de pareja, me hizo sentir bien, con confianza para seguir adelante con mi vida y pensar en la posibilidad de rehacer mi vida en pareja más adelante.

Dicen que los hombres no sabemos estar solos, que cuando nos divorciamos o enviudamos rápidamente buscamos otra pareja, y tienen razón, muchas veces buscamos pareja más rápidamente que las mujeres, pero hay una diferencia notable entre nosotros: las mujeres no se quedan solas y los hombres sí. Sé que no es así en todos los casos, tengo amigos cercanos que se quedaron con sus hijos y quienes rápidamente encontraron otra pareja fueron sus exesposas, pero la norma en la mayoría de las parejas cuando se divorcian es que las mujeres se quedan con los niños. Te he de confesar que a mí me hubiera encantado que ellos se hubieran quedado conmigo y no porque creyera que iban a estar mejor, sino simplemente porque los quiero y hasta el día de hoy aún los quiero cerca de mí lo más posible.

Al estar libre del matrimonio también se está libre para encontrar una nueva pareja, sin embargo, para un hombre divorciado hay más facilidades que para una mujer. Las mujeres tienen la mayor parte del tiempo de su semana destinado para sus hijos, los recogen de la escuela, hacen las tareas con ellos, les dan de comer, los duermen, los cuidan por las tardes y las noches… así que el tiempo para socializar se reduce y más si también trabajan (aunque hoy en día, muchas mujeres divorciadas encargan a sus hijos cada fin de semana, sobre todo con sus papás, para poder salir), por lo que ese vacío que produce la pérdida de la pareja se puede llenar más fácilmente en ellas, con las ocupaciones y atenciones diarias que requieren los hijos. En cambio, los hombres divorciados contamos con más tiempo libre para socializar y también pasamos más tiempo solos, el tiempo que pueden pasar nuestros hijos con nosotros es mucho menor que el que pasan con sus madres y al estar solos buscamos rehacer nuestras vidas.

No quiero decir que corras a buscar pareja con la justificación de que te sientes solo, esa no es la solución, muchos hombres acaban en relaciones conflictivas por no estar listos para estar en una nueva relación.

A los pocos meses de separado comencé a salir con otra persona, ella también recién había terminado una relación de noviazgo que duró poco más de cinco años. Nuestra relación se basaba en compartir nuestras tristezas y quejarnos de nuestras exparejas. ¿Puedes hacer conexión y sentirte atraído hacia otra persona por esas causas? Sí, y pasa más frecuentemente de lo que te imaginas, los «tú sí me entiendes», «solo a ti te cuento lo que me pasa», etc., pueden crear lazos sumamente destructivos entre dos personas y que podemos confundir con cariño y afecto, hasta con amor.

Una amiga, divorciada y vuelta a casar, un día me hizo reflexionar sobre la siguiente interrogante: «¿Un hombre que tenga problemas de drogas, que esté resentido con todos, sin interés por el trabajo o los estudios, puede tener pareja?». No sabía si era una pregunta capciosa por lo que dudé en contestar, pero ella respondió: «¡Claro que sí! Pero su pareja también usará drogas, será una resentida social, no tendrá trabajo…». ¿Por qué pueden ser pareja? Porque vibran en la misma sintonía y solemos emparejarnos con personas que se parecen y viven situaciones similares a las nuestras. Después de terminar con una novia a la que quiso mucho, uno de mis mejores amigos comenzó a salir con otra amiga que también recién terminaba una relación con alguien a quien también había querido mucho, ambos hicieron clic de inmediato; sentían que, dentro de su dolor por su reciente rompimiento, encontraban en el otro la solución para rehacer su vida, se sintieron identificados, incluso decían amarse, se casaron muy rápido, pero así como se casaron, se divorciaron. Desde el principio no era una pareja sana, ambos querían que el otro fuera como su expareja, pero sin los «defectos», sin lo que les molestaba. Así era mi caso, un día todo fluía y otro día era un desastre, yo era el drogadicto y ella era la drogadicta que teníamos una conexión enferma. Recuerdo que mi amiga concluyó diciéndome: «Sana tu matrimonio pasado y cuando estés listo y sano llegará una persona sana con quien puedas compartir de nuevo tu vida».

¿Cómo saber cuándo estés listo? Es muy sencillo, cuando conozcas a alguien y durante las dos primeras semanas no le hables absolutamente nada acerca de por qué te divorciaste y cómo te sientes después de tu divorcio, entonces, estarás listo. No es que ocultes que seas divorciado, sino que lo mencionas de manera natural, como decir «estoy soltero», pero tu plática no se centra en por qué te divorciaste o en lo mal, enojado o triste que te sientes después de tu divorcio y, sobre todo, no se centra en lo «mala» que es tu exesposa y lo «bueno» que eres tú, sino en cosas positivas tuyas y de la persona que estás conociendo.

Los padres divorciados venimos en paquete

Alguien que comience a salir con un padre divorciado no solo va a salir con él, sino también con los hijos e incluso con la exesposa. Un padre divorciado no piensa en encontrar el reemplazo de su exesposa, de hecho, busca a alguien que sea todo lo contrario a ella, la mayoría de las veces busca una novia que sea todo lo que su exesposa no es, pero en el caso de los hijos, su mamá siempre será su mamá, ellos no están buscando reemplazo ni sustituta ni rehacer sus vidas. Por lo tanto, tú, papá divorciado, tampoco tienes que buscar a la suplente de la mamá de tus hijos, busca encontrar una pareja que te quiera y que te acepte con todo lo que conlleva. Cuando tengas una nueva pareja, tus hijos van a convivir con ella, pero ya tienen a su mamá.

La relación es fácil cuando comienzas a salir con alguien, generalmente, lo haces por las tardes o por las noches y sin tus hijos, salen a cenar, a bailar, a un bar o al cine, pero ustedes dos solos, se gustan, se están conociendo, ella sabe que tienes hijos, y tal vez quiera conocerlos, pero te aconsejo que se los presentes después de un tiempo, ya que, si no funciona el noviazgo, su «nueva amiga» también se irá, y para ellos ya de por sí son tiempos de muchas pérdidas.

¿Por qué mencioné a tu nueva pareja como la «nueva amiga» de tus hijos? Porque eso es, tu nueva pareja se acercará a ellos como una amiga, jugará con ellos, les comprará dulces, les dirá que sí a todo y se pondrá siempre de su lado, ella tratará de caerles bien lo más rápido posible, esto se dará más fácil si tus hijos son pequeños, pues no se darán cuenta tan fácilmente de que es tu nueva pareja, por lo que se pueden encariñar rápidamente con alguien que juega con ellos y de quien tienen toda la atención y se pondrán tristes si de repente desaparece.

Si tu nueva pareja no se ha casado y no tiene hijos, tal vez le pueda parecer divertido su nueva relación con los tuyos, a fin de cuentas, le gustas, te quiere y ellos son parte de tu vida. Todas las mujeres tienen instinto maternal, por lo que, si tu nueva pareja solo ha oído de tu parte cosas negativas de tu expareja, sobre todo si criticas cómo educa o cuida a tus hijos, sentirá la necesidad natural de rescatarlos y cuidarlos, además, agradarles también será una forma de conquistarte. En los primeros meses, su relación con ellos solo se dará en situaciones placenteras, como comer, cenar, un sábado de juego, ver una película, ir al parque, etc., y tú y tu pareja podrán creer que así será siempre; sin embargo, conforme pase el tiempo, el tiempo que le dedicas a ellos comenzará a interferir con el tiempo para ustedes a solas o con sus salidas. Tú los aceptarás siempre con gusto, pues son tus hijos y estás acostumbrado a tenerlos contigo y a cancelar salidas o tiempo de pareja por ellos, pero ella no. Al principio de su relación, tu nueva pareja puede pensar que tus hijos son como cualquier bebé que no es suyo, lo carga, juega con él…, pero cuando empieza a llorar, se lo devuelve a la mamá para que se haga cargo, solo que, en este caso, si están en tu tiempo, cuando el bebé comience a llorar, tú te harás cargo.

Si la relación se pone seria, poco a poco, tu nueva pareja y tú pasarán más tiempo con tus hijos, en fiestas familiares, Navidades y viajes, pero las situaciones ya no solo serán divertidas, sino que ahora también ella tendrá que hacerse cargo de ellos, cuidarlos, atenderlos, corregirlos, estar al pendiente cuando estén enfermos, etc., ya no todo serán risas y juegos como antes, se entrará en una dinámica de familia y ahí es en donde tienes que prestar atención, ella no solo te tiene que querer a ti, también tiene que querer a tus hijos y todo lo que ello conlleva. Es muy frecuente que, ya que sean pareja oficial, tus hijos comiencen a rechazarla, por más que antes se llevaran bien, recuerda que la ilusión de todo hijo con padres separados o divorciados es que algún día estos se reconcilien y vuelvan a ser familia, y al tener tú una nueva pareja los estás alejando de ese sueño, y tu nueva pareja aparecerá como la culpable.

Tu nueva pareja tiene que saber que será difícil cuando tus hijos empiecen a rechazarla. Puede que ellos la vean como su enemiga, pensarán que si la tratan bien le serán infieles o desleales a su mamá —y más si tu expareja no habla bien de tu relación actual, no la aprueba, o si habla mal de tu nueva pareja—, porque aparte de todo, tu nueva pareja será la persona que hará que sus papás no vuelvan a estar juntos jamás, más si ustedes dos deciden vivir juntos o casarse.

Al casarse, las cosas serán aún más difíciles. No por esto te digo que no lo hagas, pero si en tu primer matrimonio tenías que estar cien por ciento seguro, en el segundo, ambos lo tendrán que estar aún más. Cuando te casas por primera vez, ambos se adaptan a su nueva vida, hacen ajustes y crean un nuevo estilo de vida juntos, algo que a ambos acomode, y te acordarás de que tampoco fue sencillo. Cuando te vuelves a casar, tú y tus hijos ya tienen su estilo de vida, sus buenas y malas costumbres, tú ya sabes cómo funcionan ellos y cómo funcionas tú con ellos, pero tu nueva pareja no; ella llega con otra dinámica de vida, de cómo deben ser las cosas en su nueva casa, y el adaptarse todos es doblemente difícil. Tu pareja será la extraña que no hace las cosas como ustedes y también la regañona que quiere que todos hagan las cosas diferentes; todo eso puede llegar al extremo de que tus hijos le reclamen y le digan cosas como: «Tú no eres mi mamá, tú no tienes por qué decirme nada», ¿está lista tu pareja para aguantar eso? Todo esto se vuelve más conflictivo si tu pareja ya tenía hijos también, en este caso, tú formarás con ellos una vida de todos los días, en la que ellos ya tienen un papá también y unas costumbres diferentes y tú y tus hijos serán los extraños que invaden.

Sé que puedo enredar aún más las cosas y que puede haber muchas variables en una nueva familia. En mi caso, mi pareja nunca se había casado y tampoco tenía hijos, ella me aceptó con todo lo que implicaba el paquete. ¿Fue fácil? No, y sigue siendo difícil, sin embargo, con ajustes, discusiones, pedir y ceder, hemos funcionado hasta el día de hoy.

Hay algo en lo que mi esposa y mi exesposa se pusieron de acuerdo (aunque nunca lo hablaron): en nuestra casa son nuestras reglas, y mi exesposa nos apoya para que se cumplan como mi esposa y yo las establezcamos, sin embargo, las decisiones personales de los niños, como dónde van estudiar, la atención a algunos conflictos mayores en la escuela, las decisiones sobre qué hacer con su futuro y los castigos, son asuntos de mi exesposa y míos solamente. Claro que lo que yo decida lo platico con mi esposa, pues a fin de cuentas somos una familia, pero en la plática para llegar a un acuerdo solo intervenimos mi exesposa y yo.

Como te dije, la fórmula de la familia se puede complicar, si tu nueva pareja tiene hijos, ya estamos hablando de los suyos y los tuyos, y con los hijos de ella la convivencia será casi diaria, suponiendo que vivan con ella, ahí no solo entra en juego tu relación con ella, sino también tu relación con sus hijos, la relación de ella con los tuyos, la relación de los hijos de ambos y la relación de cada uno con la expareja del otro. Los gastos de su nueva casa serán aún mayores y a eso súmale que también tienes que pasar pensión a la casa de tu ex. La expareja de tu nueva compañera se puede sentir liberado de darle pensión completa, como represalia porque ella haya encontrado a alguien nuevo en su vida y como «machos territoriales», tú y él también pueden entrar en competencia.

La nueva pareja de mi expareja

Con los años, mi expareja se restableció y tuvo una nueva pareja. Claro que yo tenía mucha curiosidad por saber quién era, en qué trabajaba, qué hacía, y, la verdad, no porque sintiera celos de que estuviera con mi expareja, sino porque sentía celos de que estuviera con mis hijos. Mis hijos y yo siempre tuvimos una dinámica de familia y cuando la pareja de mi expareja llegó, comenzaron a tener la dinámica divertida, salidas a comer, salidas al parque, a una plaza, a centros de diversiones, viajes, etc., y claro que no me gustaba que mis hijos se divirtieran y salieran con alguien que no fuera yo. No sé si mi expareja sintió lo mismo cuando yo comencé la relación con mi esposa. Este libro trata de cómo nos sentimos frente a lo que vamos viviendo como divorciados, y yo sentía que me estaban sustituyendo como padre de mis hijos.

Alguna vez, al ver mi ansiedad, mi expareja me dijo (palabras más, palabras menos): «Tranquilo, tú siempre serás su papá y ellos te quieren por sobre todas las cosas». Pero ¿cuántas exesposas usan a sus nuevas parejas para compararlas contigo? (también lo hacen los hombres a la inversa), tengo amigos a los que les han llegado a decir: «Mira, él sí juega con ellos, mira, él sí los trata bien, mira, él sí los cuida, me ayuda y hace lo que tú no haces por tus hijos», y eso no es correcto para ninguno y no se vale.

Considera siempre a tus hijos al tomar decisiones

Como padre, tus decisiones no solo te competen a ti, también les competen a tus hijos, y no solo tienes que ver por tu bienestar y comodidad, sino también por los de ellos. Como papá, no se vale que por resentimiento dejes a tus hijos totalmente a cargo de su madre, que te hagas cargo de ellos mínimamente, que los veas poco y que creas que la solución a tu fracaso matrimonial sea comenzar una vida en pareja casi desde cero como si tus hijos apenas existieran. Como mamá, no alejes a tus hijos de su papá, está bien si tú buscas una nueva pareja, pero esta no es el sustituto de su papá, no los compares ni busques que tu nueva pareja cumpla con las funciones de su papá, porque este no está o no le va también como a tu nuevo novio, quien solo tiene que cumplir con la función de ser tu pareja, y si deciden casarse o vivir juntos, establezcan reglas para la sana convivencia de todos bajo el mismo techo.

Recuerda que, aunque ya no están juntos, su mamá siempre será su mamá y tú como papá siempre serás su papá y nadie, si ustedes quieren, los sustituirá en ese rol.

Encantada

Doly Mallet es la autora del libro *Mordiendo manzanas y besando sapos*, un libro que recomiendo ampliamente, en el que narra cómo las mujeres a través de los tiempos se ven reflejadas en alguna película de princesas de Disney. Comienza a finales de la década de los treinta con *Blancanieves y los siete enanitos*, una película en la que una adolescente de catorce años, que recién dejaba su niñez, suspiraba por su príncipe azul. ¿Cómo se llamaba el príncipe azul?... No importaba, lo único que interesaba era que la rescatara y la llevara a vivir a su castillo, felices por siempre. Desde Blancanieves hasta Tiana, de *La princesa y el sapo*, y Giselle, de *Encantada*, las mujeres han pasado por una transición, rescatan a su príncipe, como Ariel, son intelectuales, como Bella, se casan con uno que no es príncipe, como Jasmín, o lo rechazan por no ser compatibles sus mundos, como Pocahontas.

Giselle en especial, es la princesa de cuento de hadas que salta al mundo real y, por decirlo así, poco a poco deja de creer en el mundo ideal. Al final de la película Giselle es una mujer que rescata a su príncipe, que toma sus propias decisiones y decide no regresar a Andalasia para quedarse a vivir con un hombre divorciado que tiene una hija (nunca se casan) y también comienza a trabajar en su propia empresa (no la mantienen ni la regresan al castillo). Giselle representa el estilo de vida de muchas mujeres de hoy y, curiosamente, era la película favorita de mi esposa.

No es que la primera opción de mi esposa fuera irse a vivir o casarse con un divorciado con hijos, sin embargo, no estaba cerrada a pensarlo si se presentaba la situación. Cuando la conocí, ella tenía veintisiete años, muchos de sus pretendientes eran solteros y pudo haber escogido a alguien con una situación menos complicada. Mi esposa tuvo que ser fuerte con su decisión de ser mi novia, para sus papás (que, por cierto, son excelentes personas e integraron a mis hijos también como parte de su familia) el que su primogénita estuviera de novia con un padre divorciado teniendo otras opciones no era la situación ideal o lo que esperaban para ella y su futuro. Mi esposa tuvo que pedir una oportunidad para mí y para nuestra relación, que se dieran la oportunidad de conocerme a mí y a mis hijos y hoy, casi ocho años después, seguimos juntos. Así como yo me integré a su familia, mis hijos lo tuvieron que hacer también, y para ellos fue más difícil, porque todos eran extraños que aparecieron de repente porque su papá tenía novia, pero como te dije anteriormente, la primera que nos dio nuestro lugar fue mi esposa y estando ella segura de lo que quería, los demás se dieron la oportunidad de conocernos y aceptarnos conforme avanzábamos con nuestra relación.

Lo que te quiero decir es que si quieres que funcione tu nueva relación tienes que tomar en cuenta muchos factores, ya no solo tienes que pensar por ti, sino también por tus hijos y tu nueva pareja y su familia. Tienen que estar muy conscientes de todo lo que implica salir, ser novia, vivir o casarse con un padre divorciado.

Listo para rehacer mi vida

El rehacer tu vida de pareja no tiene que ser una obligación, mi mamá jamás rehízo su vida de esa forma, ella es feliz estando sola, tengo amigos divorciados que tienen parejas de años y que cada quien vive en su casa y no piensan casarse, así son felices, también están los que pasan de relación en relación sin formalizar y está el caso de los que nos volvimos a casar. En resumen: muévete, no te quedes estancado, haz ejercicio, estudia, emprende, y solito pasará lo que tenga que pasar y llegará quien tenga que llegar.

La idealización del segundo matrimonio

Cuando nos casamos por primera vez, nos casamos con toda la ilusión de que todo será perfecto, y cuando todo termina te das cuenta de todos los errores que cometieron. ¿El matrimonio es perfecto? No, ni el primero ni el segundo, ni los demás, cuesta mucho trabajo y amor sacarlo adelante, cuando eres divorciado y tienes pensado volverte a casar, crees que estás mejor preparado, y sí, posiblemente estés más maduro y tuviste tiempo de analizar por qué fracasó tu anterior matrimonio, pero eso te puede cegar y hacerte creer que en tu siguiente matrimonio nada saldrá mal, los que estén resentidos con su expareja creerán que esta vez escogieron mejor y que ese factor determinará otro rumbo, creerán que su matrimonio anterior fracasó por culpa de su expareja y que ahora todo será diferente, otras personas que tuvieron más errores en el matrimonio pasado pensarán que se empieza desde cero, con borrón y cuenta nueva. Sin embargo, si no sanaste adecuadamente tu matrimonio pasado, si en verdad no realizaste un ejercicio de reconocer qué hiciste mal, de cerrar círculos, como dicen los expertos, de perdonar y perdonarte, puede ser que se repitan los mismos patrones negativos en tu nuevo matrimonio, esa perfección que creíste que se daría, pronto se derrumbará cuando vuelvas a tener los mismos problemas que tenías en tu matrimonio pasado, por eso es importante sanar y cerrar antes de seguir adelante, nada de que un clavo saca otro clavo.

Puede darse el caso de que ya hayas sanado y estés listo para vivir de nuevo en pareja, además de ser consciente de que no será perfecto, ambos saben a lo que se enfrentan y juntos deciden que saldrán adelante.

Además de todos los problemas habituales que toda pareja tiene, tu nueva pareja y tú van a tener problemas también por tus hijos, por sus hijos, si los tiene, y por las exparejas de ambos. La convivencia diaria y la rutina de familia hará que tarde o temprano empiecen todos a tener fricciones. Cada uno está acostumbrado a gritarles a sus respectivos hijos, regañarlos, enojarse y contentarse desde que ellos nacieron, y a pesar de que el regaño pueda ser fuerte, hay un respeto por la jerarquía al saber que quien los regaña es uno de sus padres, una autoridad en sus vidas, pero ¿qué pasa cuando el que los regaña es la nueva pareja de alguno de sus padres? En un principio, cada miembro de la pareja evitará los roces con los hijos del otro y todo lo tratarán a través de este, a solas se dirán qué les molesta y se pondrán de acuerdo para hablar con sus respectivos hijos y corregirlo. Los niños no son tontos y saben de dónde viene el regaño, tú tratarás de suavizarlo incluso haciéndolo propio, pero ellos conocen los motivos por los cuales te molestarías tú y, si algo está fuera de lugar, sabrán que viene de tu nueva pareja. Se necesitan mucha paciencia y amor para sobrevivir a la etapa de ajuste.

Mi consejo es que primero tú y tu pareja se pongan de acuerdo en todas las normas de la casa, como si fuera un contrato, hagan una lista de todo lo que es importante para cada uno, en qué pueden ceder y qué es innegociable y por qué; en caso de que se rompa una regla establezcan quién hará la corrección y cuál será la consecuencia; decidan qué le toca a cada uno y qué no, cuáles son los límites y hasta dónde pueden llegar en la interacción con los hijos del otro. Ya que esté terminada, si tus hijos ya tienen más de cuatro años, discútanla con ellos, platiquen las reglas, expliquen por qué hay que cumplirlas, pregúntenles qué les parece, si están de acuerdo o si quieren realizar alguna modificación. Si hay algo que puedan modificar con ellos, háganlo, tómenlos en cuenta, a fin de cuentas, también para ellos es una nueva vida, una nueva unión con otra persona y así, como muchos de ustedes (los que se casaron por el civil nuevamente) firmaron un contrato matrimonial con su nueva pareja, ellos también lo están haciendo. Claro que va a haber muchas modificaciones, reglas nuevas cuando crezcan, adecuaciones, etc., pero todo háganlo tomando a sus hijos en cuenta y platicándolo primero entre ustedes. Toda la vida va a haber muchas cosas que corregir, pero si lo hacen con cuidado y tomando en cuenta a sus hijos, ellos lo van a tomar mejor y evitarán fricciones entre los hijos y las nuevas parejas.

Además de los problemas entre ustedes como pareja, también van a tener problemas causados por conflictos con los niños, es normal y es parte de todo proceso de adaptación, como también los tienen las parejas que siguen unidas con sus hijos. La pareja que no sea el padre o la madre de los niños tendrá que ser muy paciente y quererlos mucho para ajustarse las veces que sea necesario y no tirar la toalla hasta sacar a la nueva familia adelante, por eso mi recomendación para ambos es, si en su primer matrimonio había que pensarlo mucho, en el segundo, más. Y si es el primer matrimonio de la nueva pareja, platíquenlo mucho, ya que no solo se van a casar por primera vez, sino que también ya tendrán familia con ustedes de golpe, pero con paciencia, amor y mucho trabajo todo saldrá bien, te lo digo por experiencia.

En nuestro nuevo hogar, nuestra estrategia fue que mis hijos tuvieran todo como si vivieran con nosotros, hacerles sentir que era su casa, sé que no en todos los casos se puede dar, pero ellos en nuestra casa tienen su cuarto decorado como ellos quisieron, su ropa, sus juguetes, cepillos de dientes, su *shampoo* (ellos lo escogen desde que nos casamos), comida de su agrado, su computadora, no tenemos que correr a comprarles algo cada vez que vienen, todo está listo en nuestra casa como si ellos vivieran todo el tiempo con nosotros, tampoco llegan con una maleta que tendrían que llevarse de vuelta cuando regresaran con su mamá como si fueran visitantes, eso los hace sentir que también nuestra casa es su casa, aunque pasen menos tiempo en ella. El contar con su propio espacio, ser tomados en cuenta y que todo funcione como si vivieran ahí de tiempo completo también ha facilitado las cosas para que todos nos llevemos mejor.

La llegada de un nuevo miembro a la familia

En parejas jóvenes, o parejas en las que alguno de los cónyuges no haya tenido hijos, posiblemente exista el deseo de tener hijos propios, algo así como «los tuyos y los nuestros», o si ambos ya tenían hijos anteriormente: «los tuyos, los míos y los nuestros». Yo tengo un tercer hijo de mi segundo matrimonio y posiblemente venga uno más y, como todo lo anterior, es algo que se tiene que platicar con todos los miembros de la familia. La llegada de un nuevo bebé es felicidad para todo el mundo, pero también puede haber celos entre hermanos, pueden sentir que son sustituidos o pensar que se les prestará menos atención con la llegada del nuevo hermano.

En este caso te contaré mi experiencia, mi primer consejo es que te esperes para tener hijos. Así como en un primer matrimonio también te recomiendan esperar un par de años antes de ser papás, para tener tiempo para ustedes, viajar, conocerse, adaptarse y estar más sólidos económicamente, en tu segundo matrimonio sucederá lo mismo, date tiempo de disfrutar a tu pareja, de que todos se adapten a la nueva familia, de conocerse, y no me refiero solo a ti y a ella, sino también a cada uno de ustedes con los hijos de su nueva pareja. Cuando hayan decidido tener otro hijo, platíquenlo con sus hijos: «Estamos pensando en tener un hijo, ¿ustedes qué piensan? ¿Les gustaría?». Háganlo divertido, háganlos imaginar que su hermano ya va estar con ellos, involúcrenlos en la elección del nombre, en la decoración de su cuarto, que sientan que ya es parte de ellos también. Y cuando estén embarazados, notifíquenles felicitándolos porque van a ser hermanos mayores e invítenlos a ser parte de todo el proceso.

Para mí no hay medios hermanos, nunca hemos usado esa palabra entre nosotros, son hermanos y no hay diferencia de trato, mi hijo más chico entiende que sus hermanos tienen otra mamá y otra casa, pero que son sus hermanos. Mis dos hijos mayores estuvieron con su hermano desde el embarazo, en el momento de su nacimiento y a su lado sus cuatro años de vida. Nuestra casa ya tenía fotos de mis hijos mayores y de nosotros como familia, y ahora hay de los cinco como familia, claro que, como todos los hijos, siempre dicen que hay un preferido —el cual nunca es el que se está quejando—, pero trato de explicarles que cada uno tiene la atención que necesita de acuerdo con su edad y necesidad, no es lo mismo tratar con mis hijos mayores, a los que voy a ver jugar futbol, llevo al cine, a una reunión con sus amigos o a alguna conferencia, que con mi hijo más pequeño, que demanda que juegue con él en la casa.

Yo no sé si fui buen esposo para mi exesposa o si el día de hoy mi esposa me pueda evaluar como excelente, pero en lo que sí sé que ambas coinciden es en que soy un buen papá y que mi prioridad es que seamos una familia unida, que mis hijos, los tres al día de hoy, se quieran como hermanos y que, si llega uno más, se una a la familia que mi esposa, mis tres hijos y yo ya formamos.

Económicamente es difícil, porque, para mí, mis tres hijos tiene que recibir de mi parte lo mismo, tienen que tener la misma educación y las mismas condiciones para desarrollarse, no se trata de traer hijos al mundo sin las condiciones adecuadas y tampoco se vale descuidar la pensión de tus hijos mayores por atender los gastos de tu nueva casa, a menos que haya un acuerdo, tu nueva familia ya comenzó con más de dos miembros y tus decisiones las tienes que tomar como si tus hijos vivieran contigo tiempo completo.

Tener un bebé nuevo en la familia siempre será una alegría, pero asegúrate de que todos sean parte de la decisión que ustedes tomen y de que no haya distinciones entre tus hijos o los de ella y «los nuestros», que todos sean tratados igual, que todos tengan el mismo estatus de hijos en tu casa, el mismo derecho de voz y voto, así como las mismas oportunidades para crecer y desarrollarse de acuerdo con sus capacidades y, sobre todo, que se quieran siempre como hermanos.

Al rehacer tu vida puedes tener muchas opciones y todas son correctas si te hacen mejor persona y eres feliz, sin embargo, nunca dejes de moverte, no te quedes estancado. Con el tiempo puedes decidir que eres feliz solo, solamente con parejas informales, con una pareja con la que nunca te cases ni vivas o puedes encontrar a alguien con quien quieras compartir tu vida y se casen. Tengo un amigo que después de divorciado, varios años después, se volvió a encontrar con su exesposa, ninguno de los dos se había vuelto a casar y, como te dije anteriormente, si estamos en movimiento no volvemos a ser las mismas personas que años atrás, el seguir siendo los mismos es señal de estancamiento, así que esas nuevas personas que eran se volvieron a enamorar y se volvieron a casar. No sabemos por dónde nos lleve la vida, pero sana, perdona, perdónate y déjate llevar, poco a poco estarás en un mejor lugar.

Un nuevo acuerdo

Cuando te casas, firmas un contrato nupcial en el que, de manera implícita, tú y tu pareja plasman todas sus buenas intenciones, voluntad y amor para sacar un proyecto adelante juntos, invitan a sus familias y amigos a ser partícipes de sus intenciones y juntos celebran esa unión. Cuando te divorcias, firmas un nuevo contrato en el que rompes con todo lo anterior, normalmente lo haces muy solo, tal vez con el apoyo de alguien muy cercano, y no hay una fiesta (en la mayoría de los casos) en la que celebren su divorcio.

El divorcio está lleno de rencor, enojo y tristeza, ¿quién puede tomar las mejores decisiones para el resto de su vida así? Son muchos los puntos a acordar en una separación. Así como el matrimonio tiene la intención de ser para el resto de nuestras vidas, el divorcio también lo es y mucho de lo que se asiente en esas actas dictaminará el futuro de los excónyuges. Tal vez no has tenido tiempo de analizar lo siguiente, si no tienes hijos, cada uno se va por su lado y tal vez no sabrás nada de tu expareja por mucho tiempo o el resto de tu vida, pero si tienes hijos, no pasarán más que un par de días cuando ya tengas que estar de nuevo en contacto con tu expareja, y eso también será para toda la vida.

¿Estás leyendo este libro y aún no te divorcias? Piénsalo mejor y agota todas las posibilidades que haya para sacar tu matrimonio adelante antes de tomar la decisión final. La definición de *amor* que más me gusta es: «Amar es perdonar y volver nuevamente a confiar en el otro». Si ya no pueden perdonarse y volver a confiar, entonces, es inevitable el divorcio, pero si tienen hijos, aunque ya no vivan juntos, aunque cada uno tenga una nueva vida separados e, incluso, aunque hasta hayan vuelto a casarse o a vivir con una pareja, si quieren tener una sana relación van a tener que trabajar también en perdonar y volver a confiar, no para volver a ser pareja, sino para tener una relación sana, una relación donde compartirán para el resto de sus vidas a las personas más importantes para ambos: sus hijos.

Por ley debería prescribirse terapia a los divorciados, pero también renegociar los términos de su divorcio un año después, ya que muchas de las decisiones que se toman en ese momento se hacen sin pensarse, estando resentidos, tristes, enojados, con miedo y asesorados por un abogado cuyo interés principal no es el bienestar de ambos y de sus hijos, sino obtener el máximo beneficio para su cliente, sin importar si perjudica a la contraparte, al abogado no le importa que esta sea la mamá o el papá de los hijos de su cliente y tampoco que las dos personas que están en dicha negociación, muchas veces destructiva, son los padres de esos niños.

El divorcio no es solo de dos personas, tú te quieres divorciar de tu pareja, pero no de tus hijos, y ahí es donde hay que pensar en un nuevo convenio, un nuevo contrato, una nueva relación entre todos los involucrados. Te vas a divorciar de tu pareja, pero ¿qué vas a hacer para no divorciarte de tus hijos?, ¿qué van a hacer entre los dos, ya sin ser pareja, para sacar adelante en todos los sentidos a sus hijos?, ¿qué van a hacer para tener un equilibrio entre su nueva vida y la parte de su vida que seguirán compartiendo? Te propongo que analices los siguientes puntos.

• Acepta que el divorcio duele

Se vale que te duela divorciarte, pues de verdad duele mucho, aunque sea necesario, aunque ya no se pueda más, aunque ya no quieras a tu pareja, duele. Duele porque fracasa tu proyecto matrimonial, duele porque dejas tu casa, duele porque dejas de cierta manera a tus hijos, así que se vale que te pongas triste, no tienes que fingir ser fuerte, ni hacer como que no pasó nada, sí pasó y tu vida desde ese momento va cambiar y es necesario que lo aceptes, y que tus hijos, tu expareja y tu familia sepan cómo te sientes, te ayuden a vivir tu tristeza, aceptar tu nueva vida y seguir adelante.

• Acepta que ya te divorciaste

Lo primero que tienes que entender es que tu expareja y tú ya están divorciados, ya no son pareja, se divorciaron para ya no pelear, para ya no discutir, para empezar su vida de nuevo el uno sin el otro.

Sin embargo, aunque ya estén divorciados, deberán ponerse de acuerdo y trabajar juntos en varios puntos necesarios para que todo siga funcionando con sus hijos. Estudia los convenios que te planteo en este capítulo y platícalos con tu expareja, en persona o por escrito, lo importante es que puedan llegar a un nuevo acuerdo. Para poder lograrlo, primero comprométanse a evitar lo más que se pueda seguir reclamándose las mismas cosas que llevan años haciendo, si aún tienen tristezas, enojos o resentimiento, cada quien busque liberarlas en terapia por separado, pero desde ahora les digo: les será imposible cambiar el pasado, lo que ya pasó, lo que ya se hicieron y todos los motivos que los llevaron a divorciarse deben quedar atrás, la razón principal para divorciarse fue seguir adelante con sus vidas, entonces, ¿qué caso tiene seguir estancados?, por ello es necesario que acuerden no volver a reclamarse cosas del pasado.

• Perdonen

Perdonar es un ejercicio más personal y no necesariamente se lo tienen que decir frente a frente (aunque sería lo ideal), también lo pueden escribir o simplemente soltar, sin decir nada, el resultado se nota en nuestra actitud.

Comienza perdonándote a ti mismo. Tú cometiste muchos errores, tu divorcio se dio por una cadena de problemas y circunstancias de las que tanto tú como tu expareja son responsables y no supieron remediar a tiempo. Le hiciste mucho daño, consciente o inconscientemente, dijiste e hiciste cosas de las que hoy te arrepientes, pero no puedes regresar al pasado y evitarlas, así que lo mejor es pedir perdón y también perdonarte y seguir adelante.

Perdona a tu expareja, también te lastimó y es copartícipe de su divorcio, también te dijo cosas que te dolieron e hizo cosas que te lastimaron, sin embargo, la guerra ya terminó, ya decidieron divorciarse, perdona y no guardes rencor.

Perdónense también como pareja. Aunque los conflictos eran entre ustedes, el daño también afectó a sus hijos, ellos escucharon, vieron y sintieron cómo las dos personas que más quieren en su vida se hacían daño y hoy ya no están juntos. Ustedes querían divorciarse, pero la mayoría de los hijos no quiere que sus padres se divorcien, ustedes tomaron esa decisión por su bien, pero no por el bien de sus hijos, así que también perdónense por el daño que les causaron y que su divorcio les seguirá causando.

• Eviten más reclamos sobre la forma de ser de su expareja

Tu expareja y tú deben acordar evitar reclamos sobre su forma de ser o actuar. Los «Es que tú…» y «Es que yo…» se pueden convertir en una discusión eterna.

Cuando nos divorciamos, automáticamente nosotros y nuestra familia pasamos a ser las personas más buenas, virtuosas, bondadosas, trabajadoras, educadas y refinadas del mundo, y nuestra expareja y su familia se convierten automáticamente en la encarnación de todos los vicios, los males y los defectos del universo. Y no es así, ni nosotros somos los más buenos, ni ellas las más malas, ambos somos un compendio de defectos y virtudes, como todo el mundo, y recuerda que alguna vez, de entre todo el mundo, se escogieron el uno al otro para pasar el resto de su vida juntos y no fue porque era el más malo o la más mala y defectuoso(a) de todos, ¿o sí? Se escogieron porque de entre todas las demás personas, tu expareja destacaba por una serie de virtudes que empataban con las tuyas y todas esas cosas buenas los llevaron a casarse y tener hijos.

¿Qué es un hijo? Un poquito de ti y un poquito de tu pareja. Cuando tus hijos van creciendo y desarrollándose van tomando un poco de todas las personas que los rodean y eso seguirá pasando también después de que ustedes se divorcien. Así que eviten lo más posible creer que uno es bueno y el otro, malo. Este acuerdo háganlo extensivo a sus familias, porque en la mayoría de los casos, sobre todo nuestros papás, toman nuestro divorcio como una guerra personal y como no están en el campo de batalla su estrategia es hablar mal de nuestra expareja con nuestros hijos (sus nietos), como si nos estuvieran haciendo un favor y no es así, les están haciendo mucho daño.

• Eviten querer imponer su modo de hacer las cosas

Deben acordar evitar imponer hacer las cosas a su modo o como cada uno cree que es la manera correcta. «Es que tú deberías», «Es que no haces nada», «Es que haces todo mal», «Es que yo lo tengo que hacer todo»... «Es que tú no me ayudas», son frases típicas que forman parte de las discusiones de divorciados y, si tienen razón, cada quien va hacer las cosas a su manera, y ambos están en lo correcto en la mayoría de las cosas, entonces, no discutan. Cuando trates con tu expareja piensa que tus hijos son un poquito de ti y un poquito de ella; cada uno de ustedes hace las cosas a su manera y diferente al otro y siempre y cuando no pongan en peligro a sus hijos (hablando de una situación extrema) o se les esté enseñando un mal hábito, se tiene que respetar, porque los niños van a tomar un poco de ambos para después crear sus propios criterios. Acuerden respetar la forma de ser del otro.

Tú ya no la quieres y ella ya no te quiere, pero tus hijos siempre los querrán a los dos por sobre todas las cosas.

Recuerden que para sus hijos ustedes son las personas que más quieren, las que más respetan en su vida, acuerden no desacreditar el uno al otro. Te divorciaste por muchas razones, tal vez porque ya no eran compatibles, ya no eran las personas que eran antes, ya no tenían detalles románticos, eran groseros o lo que sea, el punto es que, para llegar a divorciarte debes ver de manera sumamente defectuosa a tu expareja y todo eso te lleva, de cierta manera, a dejar de quererla, de sentir amor, afecto, atracción y todo lo que antes sentías por ella, pero a pesar de todo eso, no tienes que olvidar que para sus hijos, aun con todos los defectos, reales o exagerados, que pueda tener tu expareja, siempre los van a querer y aceptar a cada uno de ustedes como son, es una relación muy distinta la que tú tenías con tu expareja a la que ellos tendrán toda la vida con sus papás.

No dañes a tus hijos tratando de que ellos vean de la misma manera los defectos que tú ves en tu expareja. Las relaciones son distintas y aunque su mamá (o su papá) no tenga las mismas ambiciones que tú, no trabaje tanto como tú, no le eche tantas ganas, sea una persona desobligada, no trascienda en la vida, se haya estancado, solo piense en sí misma(o), no gane mucho dinero, no tenga trabajo, se la viva de fiesta, no tenga estabilidad o no sea responsable y tú sí… ¿adivina qué? Aun con todo eso, a los dos los quieren por igual y siempre será así, con el tiempo a cada uno le agradecerán por las enseñanzas que les dejaron en la vida.

• No hagan lo que le corresponde al otro

Cuando tu expareja y tú estaban casados, ambos eran responsables en conjunto de todo lo concerniente a sus hijos, pero ahora que están divorciados, tendrán que dividirse el tiempo de convivencia y la responsabilidad de realizar toda clase de actividades cotidianas y de cumplir con sus obligaciones de padres.

Acuerden por escrito qué le toca hacer a cada uno. Es muy importante que esto lo hagan extensivo a sus hijos para que ellos también sepan qué días les tocan estar con cada quien, a qué hora pasan a recogerlos y a qué hora los regresan. Pónganse de acuerdo para la realización de tareas escolares, para ver quién lleva a los hijos a paseos, visitas, fiestas, clases por las tardes o a hacer deporte, repártanse las vacaciones, los cumpleaños, las Navidades, etc.

Evita tomar el papel de mamá o papá Superman, cada uno de ustedes tiene su responsabilidad y entre los dos acordaron sus roles, sus días, sus horarios y sé que algunas veces puede haber algunas excepciones y son negociables, pero no suplas las carencias o fallas de tu excónyuge constantemente, como llegar tarde por sus hijos, no verlos los días que le tocan, cancelar compromisos con ellos o dejar de dar pensión de manera injustificada.

No ayudas a madurar a tu expareja saliendo siempre al rescate y tampoco ayuda el que te justifiques diciendo que, si tú no lo haces, ella (o él) nunca lo hará. Haz lo que te toca hacer y deja que tu expareja haga lo que negociaron que le toca, si tu expareja falla constantemente, no cubras su error, eso no le ayudará a madurar y hacerse responsable.

También evita decirles a tus hijos y a todo el mundo que tú eres el único que ve por ellos y que si no fuera por ti no saldrían adelante (aunque sea cierto, recuerda que tú escogiste a tu expareja y la escogiste para tener a tus hijos, así que lo que sucede también es tu responsabilidad y, además, se ve mal).

• No condicionen la parte que le toca a cada uno

Acuerda con tu expareja no condicionar nunca las pensiones por ningún motivo (se pueden negociar, siempre y cuando haya una razón y estén los dos de acuerdo).

Algunos hombres tienen la creencia de que su expareja no tiene derecho a rehacer su vida y que su nuevo trabajo es cuidar a sus hijos, mientras que ellos siguen adelante; condicionan la pensión y empiezan a ponerse pesados cuando su expareja sale con alguien más. Si ya te divorciaste, ambos tienen derecho a seguir adelante y, tanto tú como ella, tienen derecho a rehacer sus vidas, eso no quiere decir que dejes de ser el papá de tus hijos, si eres un buen padre, nadie te suplirá ni tendrías que estar preocupado por eso, tu responsabilidad es con tus hijos, no con tu expareja, así que sé responsable y cumple con la parte que te toca.

- **Nunca le nieguen a su expareja el ver a sus hijos**

Este tiene que ser un punto trascendental en todo acuerdo. Tu expareja y tú deben acordar nunca amenazarse con no prestar a sus hijos o no dejar que los vea el otro, a menos que sea un caso de violencia física o sexual, uso de drogas, problemas de alcoholismo o maltrato psicológico, no hay razón para que no te dejen ver a tus hijos, incluso aunque no estés aportando absolutamente nada para su pensión, por ley tienes derecho a verlos, así que eviten la parte en la que usan a sus hijos como moneda de cambio, eviten los «No te dejo verlos porque...», ya que a todos les hace daño. Si algo no te gusta, negócialo directamente, si algo te hace falta, también, pero no pongas a los niños en medio.

- **No utilicen a sus hijos como mensajeros**

Tu expareja y tú son adultos y tienen que aprender a comunicarse. Eviten usar a sus hijos como mensajeros, en lugar de los «Dile a tu papá que...» o «Dile a tu mamá que digo yo», llámense por teléfono, así evitarán malentendidos o, si no quieren hablarse, mándense un correo electrónico, un WhatsApp o un mensaje, hoy en día tenemos muchas herramientas y qué mejor que quede por escrito lo que estamos pidiendo.

• Renegocien los acuerdos de su divorcio

Hacer una renegociación es punto vital. Aunque la ley les dice a los futuros divorciados que se pongan de acuerdo en todo lo económico antes de firmar el divorcio, yo les sugiero que lo vuelvan a negociar unos meses después, cuando su encuentro no esté lleno de toda la carga emocional de su separación y puedan decidir mejor qué es lo correcto, lo justo y lo que a cada uno conviene para vivir dignamente.

Recuerda que divorciarte es un mal negocio, el dinero no se va multiplicar, todo lo contrario, ahora son dos casas en las que se reparte, o hay sueldo y medio, en vez de dos, para una sola casa.

Es muy importante que esta parte se comprenda y se sienten a negociar para que no les falte nada, pero también para que ninguno de los dos se vea afectado. No es la obligación de nadie convertirse en millonario ni ganar más dinero después de divorciarse, tampoco los papás nos convertimos solo en bancos. Para llegar a un buen acuerdo económico para ambos es imprescindible estar ubicados en la realidad.

De ante mano lo escribo, ambos tendrán que sacrificar tiempo o dinero, pero nada volverá a ser igual que cuando estaban juntos, al menos no de inmediato.

• No excluyan a su expareja al tomar decisiones

Tu expareja y tú deben acordar que todas las decisiones que corresponden a la vida de sus hijos se tomarán en conjunto. Es muy común entre los divorciados que muchas de las decisiones sobre los hijos las toman solo las mamás y a nosotros, los padres, solo nos notifican. Sin embargo, no nos gusta quedar excluidos, siguen siendo nuestros hijos y para nosotros es importante ser consultados y participar en todo lo referente a sus vidas. Para que la toma de decisiones en conjunto sea un ejercicio constructivo, hablen solo del tema a tratar y enfóquense únicamente en eso, eviten mezclar otros temas, más si son reclamos personales, de lo contrario, este ejercicio será inútil y tarde o temprano alguno será excluido.

• Haz de tu casa la casa de tus hijos

Si quieres que la relación con tus hijos sea más familiar y no solo como un fin de semana de visita, prepara tu casa como si ellos vivieran ahí. Que tengan su cuarto, sus camas, sus cosas de baño, ropa, juguetes y todo lo necesario para que no tengan que llevar y traer nada de casa de su mamá. El llegar con una maleta, y luego dormir en un sillón o colchón inflable, a pesar de que les dé gusto estar contigo, los hace sentirse como visitantes más que como si fuera su casa. También involúcralos en la compra de tus muebles, de la decoración de la casa, de la comida que se prepara… así también lograrán en tu casa una rutina de familia.

• Respeten la vida personal de su expareja

Tu expareja y tú deben acordar respetar la vida personal del otro. Ya están divorciados y, tanto tú como ella, tienen derecho a rehacer su vida cuando les sea conveniente.

En un principio, cuando te intereses por una persona, trata de salir tú solo con ella y después de algunos meses, si todo va bien, ya estás seguro del tipo de persona con la que estás saliendo y tu relación ya es sólida, preséntasela a tus hijos.

Evita buscar una madre sustituta para tus hijos, ellos ya tienen mamá y la quieren por sobre todas las cosas, lo que estás buscando es una pareja para ti, tus hijos no están buscando nada. Si tu expareja tiene pareja respeta su nueva relación y pide lo mismo para ti, no se entrometan en la vida personal del otro ni pongan como pretexto las nuevas relaciones para seguir peleando. Recuerden: se divorciaron para seguir adelante.

• Pon límites en la relación de tu nueva pareja con tus hijos

Una cosa es la relación de tu nueva pareja contigo y otra es su relación con tus hijos. Pon límites. Tú tienes derecho a tener una nueva relación, a buscar acoplarte con tu nueva pareja y entre los dos harán los ajustes necesarios para que su relación funcione. Pero si ya conoció a tus hijos, acuerden qué sí le toca y qué no a tu nueva pareja para con ellos, decidan en que sí puede intervenir y definan dónde están sus límites en su relación —la de tu nueva pareja y tus hijos—. Más aún si quieres una relación a futuro con ella, entonces, será necesario que se gane el amor de tus hijos y el derecho a ser una autoridad ante ellos y no que tú o ella lo impongan.

• Fomenta el respeto entre tu pareja y tu expareja

Si eres la nueva pareja de un padre divorciado, estas líneas son para ti. La expareja de tu pareja no es tu nueva enemiga, no es tu competencia ni alguien con quien rivalizar, es la expareja de tu nueva pareja, la mamá de sus hijos y, para bien o para mal, parte de su pasado. Respétala, trabaja en conjunto, aunque no se hablen, la expareja de tu pareja es alguien que estará presente toda la vida, es mejor para todos que haya una sana relación lejos de rivalizar. Tu pareja y su exesposa decidieron no continuar juntos y seguir cada uno con su vida y gracias a esas circunstancias el día de hoy él puede estar contigo, digamos que «son cosas del destino», así tenía que pasar para que ustedes dos estuvieran juntos.

Si eres el padre divorciado o la exesposa de uno y resulta que tu expareja tiene una nueva pareja, estas líneas son para ti. Tu expareja tiene derecho, al igual que tú, de seguir adelante y encontrar a una nueva persona. No te está siendo infiel, pues ya están divorciados, tampoco te está sustituyendo como padre (o madre), ya que tú tienes tu lugar con tus hijos y ella (o él) tendrá que separar entre tener un nuevo novio (o novia) y la relación de este(a) con tus hijos. No seas un obstáculo ni te pongas pesado(a) con su nueva relación, la mejor manera de apoyarla(o) es no estorbando y no opinando absolutamente nada al respecto, su nueva relación no es de tu incumbencia, deséale lo mejor, pues si ella (él) es feliz, también estará feliz con tus hijos.

• Respeten las reglas de la casa de cada uno

Sin importar si tú o tu expareja siguen solteros o no, tus hijos tienen dos casas ahora, la tuya y la de su mamá, y en cada una pueden variar las reglas y las obligaciones. Tú y tus hijos deberán llegar a un convenio en el que definan las reglas de la casa y las obligaciones de cada uno —pueden solo hablarlo, pero les será de ayuda escribir los acuerdos a los que lleguen—. Los niños son inteligentes y se acostumbran rápidamente, si tanto tú como tu expareja exponen claramente sus puntos, tus hijos no tardarán en aprenderse las reglas que tienen que seguir y las obligaciones que tienen que cumplir en cada casa.

Para que esto funcione, tanto tú como tu expareja tienen que respetar el convenio al que se haya llegado en cada casa, aunque tus reglas sean diferentes a las de tu expareja, ambos deben comprometerse a respetar las reglas de la casa de cada uno. Es de mucha ayuda que les aconsejes a tus hijos seguir las reglas de la casa de su mamá cuando estén con ella, y le puedes pedir a tu expareja que les diga lo mismo, de esta forma, sus hijos verán que es un acuerdo entre todos. También deben respaldar que sus hijos cumplan con lo pactado en cada casa y si alguno de los niños recibe un castigo por parte de un padre, el otro deberá respetar la medida; por ejemplo, si en la casa de tu expareja les prohibieron ver televisión por una semana, tú apoya la decisión no dejándolos ver tele en tu casa.

Cuando alguno de los dos tenga nueva pareja, este acuerdo deberán hacerlo extensivo a esta. Tú, tu nueva pareja y tus hijos deberán reunirse y actualizar las reglas para su nueva casa y las obligaciones de cada uno. Lo mismo se espera que ocurra cuando tu expareja tenga una nueva relación. Llegado al punto en el que tengan nuevas parejas, deben acordar que, si hay que tomar una decisión importante en la vida de sus hijos —aunque lo platiquen antes con sus nuevas parejas—, la decisión final será solo de ustedes, sus padres.

• No encasilles a las personas

Con el tiempo todos cambiamos, yo no soy el mismo con el que mi expareja estaba casada, ni el mismo del que se divorció, tampoco ella es la misma y mucho menos nuestros hijos, que ya llegaron a la adolescencia. Quiero creer que ambos maduramos y somos mejores personas, pero también sé que todos vamos a volver a cambiar y tendremos que ajustarnos nuevamente a esos cambios.

No encasilles a las personas, no las etiquetes y no te quedes con la idea de que lo que alguna vez fueron lo serán toda la vida. Lo más constante en la vida es el cambio, así que siempre hay que estar abierto a seguir avanzando y negociar cuantas veces sea necesario para lograr una convivencia sana.

Para llegar a que todo funcione se necesita mucho trabajo. Para mí no fue fácil, ya casi tengo nueve años de haberme separado y, posteriormente, divorciado de mi expareja y pasamos por varias etapas, desde la de reclamarnos y pelearnos por todo hasta la de no hablarnos, pero con el tiempo fuimos soltando poco a poco, perdonando cada uno a su manera y ritmo y construyendo una nueva relación con nuevos acuerdos que, aunque no estén escritos, funcionan. Ahora, te comparto en este libro esos acuerdos como consejos.

¿Mi expareja y yo somos amigos? Sí. Hoy podemos hablar de nuestros hijos y algunas veces de otros temas sin problema, podemos compartir espacios sin estar uno en una esquina y el otro en otra.

¿Mi esposa y mi exesposa son amigas? En mi caso, soy yo quien se volvió a casar y te puedo decir que, aunque no son amigas de las que se van a tomar un café o se llaman por teléfono, existe una relación de mucho respeto entre ellas; jamás han tenido un conflicto y nunca se han metido una en la vida de la otra, se saludan, conviven cuando nos toca estar en algún evento de los niños y mi exesposa confía en mi esposa para el cuidado de nuestros hijos, incluso para hacerse cargo de ellos cuando yo no estoy. Mi esposa entiende que mi exesposa es la madre de mis hijos y nunca ha querido sustituirla, siempre le ha dado su lugar. Mi pareja también se ha ganado el respeto y el cariño de mis hijos, ellos la quieren, la reconocen como una autoridad en su vida, ella es su amiga y le dan su lugar como mi pareja y como la mamá de su hermano.

Tu expareja y tú tienen que buscar sus propios acuerdos, con los cuales todos se vean beneficiados; cuesta mucho trabajo, cuesta años llegar a lograrlo, pero se puede. Después de divorciarte puedes tener muchos éxitos más, personales y familiares, en ti está el no detenerte y seguir en movimiento.

Epílogo

Escribir *Padre divorciado* fue un trabajo sumamente duro. Después de largas horas de escritura terminaba exhausto, con la mente saturada y divagando, fueron muchos los recuerdos que traje a mi presente y todos ellos con una carga emocional que me agotaba. Cuando salía de la oficina sentía como si hubiera llorado por horas y te he de confesar que muchos días prefería trabajar en otras cosas y no tener que sentarme a seguir escribiendo y enfrentando a mi pasado.

El día de hoy termino este libro que tiene mucho de mí, no soy psicólogo, ni mucho menos psicólogo familiar, pero viví dos procesos de divorcio, el de mis padres y el mío, con dos perspectivas, dos visiones y dos resultados completamente diferentes; al final, el divorcio de mis papás me sirvió para tratar de no repetir sus errores y ahora espero que mi experiencia te sirva a ti para que tú tampoco lo hagas.

Hoy vivimos en la era del divorcio, la decisión se toma más fácilmente que antes y las nuevas generaciones serán cada día más huérfanas de padre o madre, o de ambos. Tenemos que hacer un alto y analizar qué tipo de formación les estamos dejando a nuestros hijos y, sobre todo, cómo les estamos demostrando nuestro amor y que pueden contar con nosotros. Por eso tenemos que crear un nuevo tipo de relación familiar, en la que después de un divorcio se siga siendo eso precisamente: una familia, para que nuestros hijos puedan seguir sintiéndose seguros de que tienen y cuentan con su padre.

Ser padre no es solo traer niños al mundo y desentendernos de su formación, los niños que a los pocos meses de nacidos son dejados todo el día en guarderías son cada vez más, los papás le exigen escuelas extendidas al Gobierno cada vez más o, después del colegio, dejan a sus hijos en ludotecas, a cargo de un familiar o solos en sus casas y con un divorcio esto se acentúa más y, entonces, ¿a qué hora se es padre? Y no se vale la justificación de que es para que tus hijos tengan un patrimonio, el mejor patrimonio que les puedes dejar es educarlos y estar a su lado, sin importar si estás casado o divorciado.

Puedo decir que lo mejor que me ha pasado en la vida es ser papá, disfruto mucho a mis hijos, los quiero y quiero estar a su lado lo más que la vida me lo permita.

Mi vida cambió de la noche a la mañana con el divorcio de mis padres, mi mamá estaba tomando una decisión muy difícil por nuestro futuro bienestar e incluso por nuestra seguridad. El 12 de octubre del 2017 me encontraba al aire en el programa de Martha Debayle, estábamos hablando de cómo muchas personas exitosas comenzaron sus empresas cuando habían perdido todo, entonces, mencioné que no se necesitaba un terremoto o un huracán para perderlo todo (como muchas personas lo habían perdido en los meses de agosto y septiembre de este año) y estando al aire recordé el domingo en el que llegó mi abuelita junto con mis tíos y nos dijeron a mi hermana y a mí: «Sus papás se van a divorciar, tomen lo que se quieran llevar y vámonos». Así, de la noche a la mañana, dejé toda mi vida atrás, hasta ese entonces constituida por solo once años, todo cambió a partir de ese día. Nunca se me había cortado la voz en una entrevista, nunca había estado a punto de romper en llanto como un niño, al grado de no poder seguir hablando, ese adiós a mi niñez lo había guardado por décadas, pero ahí seguía, esperando a que me desahogara y lo dejara salir. En el corte vi en mi teléfono celular que tenía un mensaje de mi mamá, decía «Perdón, no sabía cuánto daño les había causado», yo le contesté «No nos hiciste ningún daño, el día de hoy estoy aquí por ti», lo cual es cierto, sin embargo, no por eso el proceso dejó de ser duro y todos tuvimos que aprender muchas lecciones a base de golpes que nos fue dando la vida. Hoy, tú tienes la oportunidad de pensar cómo es tu proceso y cómo cambiarlo si va por mal camino.

Mi mamá me enseñó muchas lecciones, pero también a ti como divorciado o divorciada te puede dar una muy importante, como te mencioné en capítulos pasados, mi papá nunca le dio una pensión alimenticia, ni pagó nuestras colegiaturas, ni cooperó constantemente en nada para nuestro desarrollo, hoy veo cómo muchas mujeres viven atenidas a esa pensión que muchas veces no llega, gastan toda su energía en pedirla, en enojarse cada mes porque no se las dan y en recordar cada que pueden todo lo que se les debe y, claro, su vida se ve atenida a ese presupuesto fantasma que llega a cuentagotas pero que las hace sobrevivir. El éxito de mi mamá fue que no se atuvo a esa pensión, nunca consideró un solo peso de mi papá y se puso en marcha, no tenía nada cuando se divorció y llegó a ser una empresaria muy exitosa; hoy me pregunto, ¿hubiera logrado tener el mismo éxito si mi papá le hubiera dado la pensión que le correspondía?

Lo escribí muchas veces en estas páginas: no te detengas, sigue en movimiento. Personas desobligadas, irresponsables e incluso malos hombres, siempre los va a haber, al igual que mujeres, no te atengas a una persona así. Como hombre te digo: no seas uno de ellos bajo ningún pretexto, negocia lo que tengas, aunque sean cien pesos, sé constante y no falles en tu responsabilidad como padre.

El tema más difícil de cerrar es con mi papá. Él falleció hace dos años y nunca hubo reconciliación por todo lo vivido en el pasado, ni por su parte ni por la mía, años atrás le escribí una carta contándole todo lo que sentía, pero nunca me dijo nada al respecto. Durante la escritura de este libro muchas veces soñé con él, sé que hoy que ya no está ya no sirve de mucho, pero con este libro que escribo sané muchas cosas que pasaron entre nosotros y ahora puedo escribirle «Te perdono, y espero que tú también me perdones por todo en lo que yo fallé; recapitulo, la mejor lección que me diste fue haberme enseñado cómo no ser un mal papá, sé que fuiste mucho mejor papá que tu papá, yo también espero ser mucho mejor papá que tú. Sé que fuiste un buen hijo, un buen hermano y un buen tío, pero te olvidaste de las personas más importantes, tus hijos. Gracias por mis primeros diez años de vida, fueron increíbles, trataré de quedarme solo con ese recuerdo de ti y lo demás tomarlo como una gran lección de vida que hoy me permito compartir».

Hoy, a ocho años de mi divorcio he avanzado mucho, conocí a una persona de la que me enamoré y con la que decidí formar una familia, una familia con un paquete de tres integrantes de inicio. ¿Somos una familia diferente? Claro que sí, y de antemano hemos sabido todo el tiempo que no íbamos a funcionar como una familia «normal», mis hijos van y vienen durante la semana, además de que también tienen una familia con su mamá y ninguno está compitiendo por ver qué familia es mejor o a cuál quieren más o con cuál están más a gusto. La meta es que tengan un sano desarrollo, que se sientan queridos, protegidos, que tengan normas, límites, una buena educación, valores, una autoridad que los guíe y los reprenda cuando sea necesario, todo eso queremos que lo encuentren en sus dos casas y ese es nuestro nuevo punto de encuentro y lo que llevó a un nuevo acuerdo y relación entre nosotros. Mi exesposa y yo nos divorciamos hace más de ocho años, pero eso no nos ha limitado para seguir trabajando en conjunto en educar y querer a nuestros hijos, ahí encontramos nuestra principal coincidencia, en que ambos somos papás de dos de las personas más importantes de nuestras vidas. A mi exesposa le deseo todo el éxito en todo lo que decida emprender y que sea muy feliz en su vida personal, gracias por esos dos hijos increíbles que tenemos.

A ti, papá divorciado que estás terminando este libro, nunca olvides a tus hijos, nunca olvides tus obligaciones como papá, nunca dejes de ser papá, no te conviertas solamente en proveedor, en papá de fin de semana o te desentiendas por completo de ellos. Busca en tu nueva vida crear las condiciones para que tú y tus hijos en tu tiempo sigan funcionando como una familia, eso los hará crecer de manera sana y segura.

A ti, hijo de papás divorciados, sé que no entenderás mucho las razones por las cuales se divorciaron tus papás. Muchas veces, incluso te culpaste a ti, después buscaste al culpable en uno de ellos, no se trata de eso, fueron muchas las circunstancias para que llegaran a ese punto y el paso ya está dado, perdónalos, no tomes partido, los dos te quieren igual, y no dejes que su divorcio se convierta en un concurso de popularidad por tu amor, tienes que seguir caminando y adaptarte tú también a las nuevas circunstancias y, sobre todo, busca no dejar de ser una familia con cada uno de tus padres.

Para todas las exesposas, dice el método de negociación de la escuela de negocios de Harvard en su punto número dos: «Concéntrate en los intereses, no en las posiciones». Podemos pasar la vida peleando por nuestras posiciones, «me hiciste…», «dijiste…», «me ofendiste», «no me cumples, yo soy la que hace todo sola», «no cuidas a mis hijos», «no me apoyas», etc., sin embargo, el único interés en común que tienen tu expareja y tú una vez divorciados son sus hijos, así que concéntrense en ellos, concéntrense en cómo van a trabajar los dos para sacarlos adelante, para hacer que se sientan queridos y protegidos por ambos, y busquen estar de acuerdo y apoyarse para que sus hijos se sientan en familia en el tiempo que les toca estar con cada uno de los dos.

Si eres novia o esposa de un padre divorciado, aprende a querer no solo a tu pareja, sino también a sus hijos. Somos un paquete, ellos no necesitan una nueva mamá, tu lugar es ser la pareja de su papá y poco a poco, con cariño y respeto, te irás ganando el derecho de ser una autoridad en su vida, nunca lo exijas, gánatelo. Si un matrimonio es difícil, lo es más un matrimonio con hijos de relaciones anteriores, tendrán que trabajar juntos todos los días para sacar a su familia adelante.

Le agradezco mucho a mi esposa todo el cariño y el amor con los que formó una familia conmigo, ella podría escribir todo un libro sobre lo que es casarse con un divorciado con hijos y sacar adelante a una familia.

Padre divorciado es un libro que espero te haya hecho reflexionar sobre cómo estás viviendo tu divorcio, cómo es la relación con tus hijos, cómo es tu relación con tu expareja y con tu pareja, si es que la tienes. Un divorcio es un proceso duro y complicado para todos los involucrados, con este libro quise mostrarte desde mi experiencia la perspectiva de cómo se vive el divorcio como hijo y cómo se vive como parte de una pareja. He cometido muchos errores, pero también evité muchos aprendiendo lecciones de lo vivido con el divorcio de mis padres.

A mis tres hijos solo quiero decirles que los quiero mucho, sobre todas las cosas, y gracias por estar conmigo siempre.

Para ti, padre divorciado, un gran abrazo, te entiendo, te comprendo y espero que este libro te acompañe en tu camino para ser un excelente «padre divorciado».

Adrián Gutiérrez Ávila
Jalisco, 26 de octubre de 2017

Dedicatorias y agradecimientos

El hecho de haber llegado a este, mi tercer libro, representa el trabajo de muchas personas que, en algún momento del camino (el cual les aseguro que apenas empieza), me dieron la mano para seguir avanzando.

Primeramente, quiero dedicar este libro a mi mamá, Rocío Ávila, gracias por todo; a mi papá, Adrián Gutiérrez, ojalá algún día nos volvamos a encontrar para estar en paz otra vez, y a mi hermana, Rocío Gutiérrez, perdón por haberte dejado sola en momentos tan difíciles en los que debimos haber estado juntos para luchar, los quiero a los tres. A mi esposa, Fernanda, y a mis hijos, André, Lucca y Marcel, por apoyarme, quererme y estar a mi lado, son lo más importante en mi vida, los quiero.

Quiero agradecer a mi equipo de trabajo: Juan José García *Jay*, Gilberto Vázquez, Guadalupe Dondiego, Zule Zamora, Caro Gudiño, Margarita Flores, Sofía Ruiz, Georgina Partida y Javier Jaimes.

También agradezco a toda la gente que me ha abierto las puertas de sus programas de radio o televisión, pues a través de estos he llegado a millones de personas, y que también me ha brindado su amistad: a Martha Debayle, sabes lo infinitamente agradecido que estoy contigo, cambiaste mi carrera, y a Rebeca Mangas; a Luisa García, Ana Lilia Galán, Paulina Greenham y Nash. A Mónica Alfaro, por creer en mí, a Omar Chaparro, Tamara Vargas, Facundo y Franky Mostro de ¡Ya Párate!; también al Nuevo, Eduardo Videgaray y al Estaca de *La Corneta*. A Janett Arceo, Carmelina, Ivett, Mauro Hernández, Gus y Claudia de Exa GDL. A Yordi Rosado, Manolo, Cristian, Christopher y Luz Limón, de *Yordi en Exa* e *Ideas Que ayudan*. Gracias también para Javier Godínez, Selene Bracamontes, Karina Angulo, Aranxa, Carlos, Rafa, Sergio, Conchis y Maru Inzunza de Televisa GDL. A Jenny, Mayra Karrasco, Liborio y Erick de *Ochotv*. A Susana Zabaleta y Rosy Pérez de *Susana Adicción*. Y a Lucero Álvarez de *El Financiero Bloomberg*. A Fernanda Familiar, nunca olvidaré que fuiste la primera en darme una entrevista a nivel nacional, a Avith Gutiérrez y Emilio. A Bárbara Islas, Beto Barrera, Ximena, Brenda, Estefanía e Israel de *Telehit*. A Yuriria Sierra y Pascal Beltrán del Río de *Imagen*. A Ciro Procuna de *ESPN*. A Adriana Corona, Adriana Palomino, Claudia Arias, Jerónimo Camberos, Cristina Martínez, Lina García, Karla Díaz y Alejandra Pérez.

Gracias a Viridiana García de Porrúa. A Claudia González y Tirso Gonzalo de Gonvill. A Josune de Trillas; y a José Viloria de Ink it. A mis amigos: Jorge Cuevas, Martha Alicia Chávez, Camilo Cruz, Loretta Valle, Pedro Ferriz, Ale Téllez y Manuel Angelino. A Luis Valls, Marie Jeanne, Nini, Pedro, Puri y Nadia de Speakers México. A Nohemí Alemán, Pamela Jean, Leopi y Helio Laguna. A Vanessa Vergara de Palcco GDL. A Mexican Times. A Hernán Sabio y su página Motivación, Liderazgo y Autoayuda (MLA) en Facebook. A Claudia Martínez, Claudia Beba, Diana Morga, Elena Hernández, Tamara Rivera, Armando González, Alfonso Martínez, Carlos y Elvia Tenorio, y a Gilberto de Canal 6. Dedicado a mis compañeros de la prepa: Mónica, Adriana, Fabiola, Silvia, Marco, Pancho, Xitlali, Alejandro y Alma. También para Guillermo Vázquez, Nancy Cervantes, Paloma López, Alejandra Montaña, Nuria Buxo, María Bezanilla y Gabriela Arriola.

Dedicado a Vincent, Valeria y Anel Rouault, Celina Romero y Fabricio Green, Avelina Jáuregui y Yoss Ávila, Evelin Ávila y Alejandro Mata, Ricardo y Lety Peregrina, gracias por todo su apoyo siempre. Para Ana Paula, Fernando, Romi y Nicole Solís; Richard, Caro y Alice Peregrina; Dany y Eduardo Torres; Julián Torres, Iker, Gigi; Gaby y Ponchis; Rulis y Marce; a los Chumas: Ceci y Rolando, Jessy y Emily; Elí y Sarita Jiménez; Chava, Cecilia, Rosa Elena, Fernanda, Maya e Iza Gutiérrez; Cristina, Cony, Marcela, Adriana, Anita, Fabiola y Roy Hernández; Regina, Óscar y Héctor Sias; a Michelle Rojas; a Marcelo, Saraí, Rolando, Fernando y Esaú Pérez; a Juan Fernández; para mis tías Ana, Vero, y a mi tía Mina hasta el cielo; a mi tío Fernando y a Luly; a Dulce y Memo Bravo.

Para Paul y Alexa Daman; a Alejandro y Alma Carrera; a Mario González, Juan, Edith Sosa, Wesly, Juanillo, Gabriel, Adolfo Tanda, Alejandra Sedano, Vannezza Diehm, Vanessa Rubio, Erika Bracamontes, Erika Dueñas; a Olga Gil, Carolina Gallegos, Carolina Lona, Genaro Portales, Ramón Rafael y Meche del ITESO; a Caty Solares, Elena, Sergio, Gaby, Cristina Laveagao, Ara, Claudia Navarro, Miriam Mendoza, Mayela Villalpando, José Luis e Isis Mezquita, Demesio Tapia, Johan García y Gaby Cortina; y también para Eduardo, Tolón, Idelfonso, Muro, Gustavo, Tuno, Juanito, Guarro, Fer, Chato, Flavio y Fer Ávila del Juventus, mi equipo de futbol.

Y dedicado también, junto con un fuerte abrazo, a todos los que han sufrido un divorcio, como hijos o como parte de una pareja.

Adrián Gutiérrez Ávila